JN227539

パフォーマンスを上げる！ DVD

可動域
ストレッチ&トレーニング

監修 中里 賢一

西東社

パフォーマンスを上げる!

DVD

可動域ストレッチ&トレーニング

Contents

PART 3 股関節の可動域を広げるストレッチ 63

PART 4 股関節を安定させるトレーニング 81

PART 5 動作別 関節&体幹トレーニング 99

コラム

本書の特長

特長1

ストレッチで関節可動域が広がる！

人間の身体には多くの関節があるが、腕と体幹をつなぐ「肩関節《かたかんせつ》」と、脚と体幹をつなぐ「股関節《こかんせつ》」は、可動の自由度が高く360度動かすことができる。そのため人によって動かせる範囲に差が出やすい関節でもある。

本書では、この肩関節と股関節の可動域を広げるために効果的なストレッチを紹介している。

自由度の高い肩関節と股関節の可動域を広げるストレッチを紹介。

特長2

インナーマッスルを鍛えて関節が安定する！

ストレッチによって可動域を広げると、反比例するように関節の安定性は低下し関節が緩くなる。そのため関節周りのインナーマッスルを鍛えて安定性を高めることが必要になる。本書ではペットボトルやタオルなど、身近にある物を使って、効果的にインナーマッスルを鍛えるトレーニングを紹介している。

ペットボトル

タオル

ゴムボール

日常にある物を使って関節周囲のインナーマッスルを鍛える。

特長3

身体の軸と四肢が連動する！

柔軟性と安定性を得た関節が体幹と四肢をしっかりつなぐことで連動性が高まり、運動パフォーマンスの向上が期待できる。本書では、「振る」、「蹴る」、「跳ぶ」、「走る」と動作別にわけ連動性を高めるトレーニングを紹介している。多少動作は大きくなるが、どれも畳ひとつ分程度のスペースでおこなえる。

動作別にわけた連動性トレーニングを紹介している。

本書の使い方

使い方1 「ストレッチ&トレーニング」で関節力を高める

トレーニング中に意識を向けたい部位や動きを解説。しっかりイメージできれば効果が上がる。

トレーニングの目安はここに記載。これはあくまでも目安なので自身の体力に合わせて調整しよう。

陥りやすい間違ったフォームを紹介。しっかり効かせるには正しいフォームをつくることが大前提。

トレーニングの狙いや効果を代表的なスポーツ写真に合わせて解説。身体の使い方をイメージさせるヒントにしよう。

使い方2 「早見表」で各章のトレーニングをチェック

各章のトレーニングメニューをまとめて掲載。コピーをして持ち歩けば、部活の前後などでも場所や時間を選ばずいつでもおこなえる。

DVDの使い方

1 メインメニュー

全部で5つの章で構成されている。まずはメインメニューで監修者の解説あり、なしを選択し、その後に見たい章を選ぼう。

ここで先生の解説あり、なしを選択。解説ありではメニュー冒頭でトレーニングの説明がある。

2 各章メニュー

PLAY ALLを選択するとその章のトレーニングがすべて見られる。1つずつ選択するとトレーニング終了後にメニュー画面に戻る。

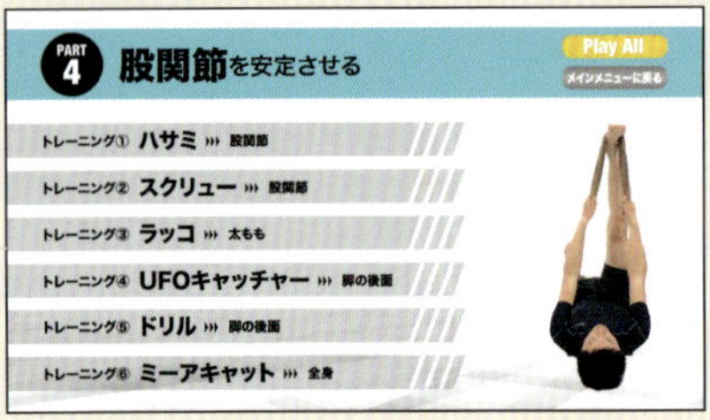

3 トレーニング画面

すべてのトレーニングはDVDで確認できる。またトレーニングのポイントは画面下に表示されるのでチェックしながらおこなう。

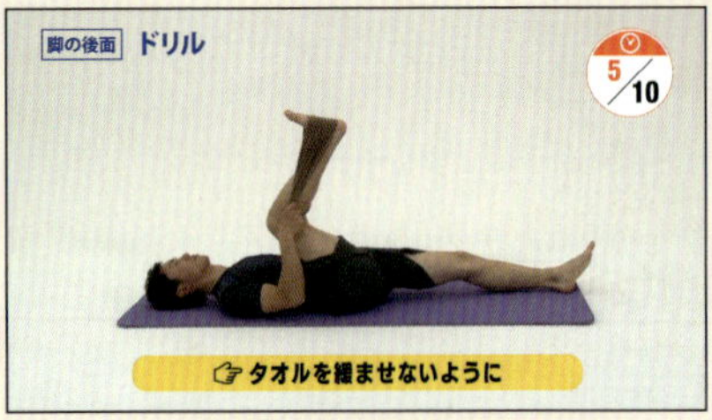

››› 本書付属DVDをご使用になる前に

使用上のご注意

- DVDビデオは、映像と音声を高密度に記録したディスクです。DVDビデオ対応のプレーヤーで再生してください。詳しくは、ご使用になるプレーヤーの取扱説明書をご参照ください。
- 本ディスクにはコピーガード信号が入っていますので、コピーすることはできません。

再生上のご注意

- 各再生機能については、ご使用になるプレーヤーおよびモニターの取扱説明書を必ずご参照ください。
- 一部プレーヤーで作動不良を起こす可能性があります。その際は、メーカーにお問い合わせください。

取扱上のご注意

- ディスクは両面とも、指紋、汚れ、傷等をつけないように取り扱ってください。
- ディスクが汚れたときは、メガネふきのような柔らかい布を軽く水で湿らせ、内周から外周に向かって放射線状に軽くふき取ってください。レコード用クリーナーや溶剤等は使用しないでください。
- ディスクは両面とも、鉛筆、ボールペン、油性ペン等で文字や絵を書いたり、シール等を貼らないでください。
- ひび割れや変形、または接着剤等で補修されたディスクは危険ですから絶対に使用しないでください。また、静電気防止剤やスプレー等の使用は、ひび割れの原因となることがあります。

鑑賞上のご注意

- 暗い部屋で画面を長時間見つづけることは、健康上の理由から避けてください。また、小さなお子様の視聴は、保護者の方の目の届く所でお願いします。

保管上のご注意

- 使用後は必ずプレーヤーから取り出し、DVD専用ケースに収めて、直射日光が当たる場所や高温多湿の場所を避けて保管してください。
- ディスクの上に重いものを置いたり落としたりすると、ひび割れしたりする原因になります。

お断り

- 本DVDは、一般家庭での私的視聴に限って販売するものです。本DVDおよびパッケージに関するすべての権利は著作権者に留保され、無断で上記目的以外の使用(レンタル<有償、無償問わず>、上映・放映、複製、変更、改作等)、その他の商行為(業者間の流通、中古販売等)をすることは、法律により禁じられています。

Prologue

アスリートの「関節力」を手に入れろ!

関節に柔軟性と安定性が与えられると運動パフォーマンスが上がる。これがアスリートの関節力。この章ではそのメリットと身につけるための方法を解説する。トレーニングをする前に知識として身につけておこう。

体幹だけではダメなんだ!

求められるのは関節の柔軟性と安定性。

これこそが、アスリートの関節力

強い体幹はあらゆる人にとって恩恵をもたらす。骨盤や背骨は安定し、たたずまいをきれいにする。肩こりや腰痛だって改善されるだろう。

だがアスリートに限っていえばそれだけでは不十分である。いくら体幹が強くても、腕や脚にパワーを伝えることができなければ意味がない。パワーをいかに無駄なく腕や脚の末端まで伝達させるか?

これこそが、すべてのアスリートに共通する命題だ。そのためには体幹と腕をつなぐ「肩関節」と、体幹と脚をつなぐ「股関節」に柔軟性と安定性が必要になる。硬くて可動域

の狭い関節は論外だが、柔軟で可動域が広いだけの関節もダメなのだ。大切なことは柔軟性と安定性のバランス。ストレッチが関節に柔軟性を与え、インナーマッスルのトレーニングが安定性を与える。

体幹と本書で身につける関節力が連動すれば、運動パフォーマンスは飛躍的に上がる！

柔軟性

体幹と連動した四肢はムチのようにしなる。

身体の軸を保ったまま四肢を大きく振ることができれば、その腕や脚は末端にいくほどムチのように加速する。この理想の形を可能にするのは体幹の力と、肩関節や股関節の柔軟性。トップアスリートが口にしている「体幹と

安定性

体幹から腕や脚へ
パワーをムダなく伝える。

の連動」とは、まさにこのこと。

関節の安定性は、その靭帯《じんたい》とインナーマッスルによって保たれている。柔軟性だけでは、たとえば「ルーズショルダー」という症状のように、関節が緩んでしまい、体幹を通り腕や脚へと伝えるはずのパワーも伝わらない。

目には見えない深層部にあるインナーマッスルを鍛えて関節に安定性を与えることで、はじめてその柔軟性が生きてくる。

アスリートに「関節力」が必要な3つの理由

関節は柔軟な方がよい。疲れも溜まりづらくなるしケガの予防にもなる。だが、そこに安定性が加わることでアスリートにさらに大きなメリットがもたらされる。

理由1 体幹と四肢が連動するから大きな力が出せる！

腕を後ろに回すテイクバックからスイングする一連の動作は「ムチ動作」と呼ばれる。ムチ動作は体幹から肩関節や股関節、腕や脚と先端に向かうほどスイングが加速していくことが理想とされる。ブレない身体の軸が「ムチの柄《え》」となり、そこから伸びる腕や脚がムチのようにしなるのだ。

たとえばゴルフ。ドライバーを大きく振り上げたときに、肩関節が硬いと身体も引っ張られて軸がブレてしまうが、可動域が広ければ軸を保ったままテイクバックでき、ムチのようにしなったスイングができる。

体幹と肩関節の関係

肩関節や肩甲骨が硬いと、クラブを上げたときに軸がブレる。理想は軸を保ったままの大きなテイクバックだ。

理由2 関節への負担が軽減され ケガ予防につながる!

水泳の初心者はクロールのとき腕力に頼るのですぐにバテてしまう。上級者は背中の筋肉を使えるので長時間泳ぎ続けられる。8対2で腕力に頼っている動作を、5対5で腕と体幹で分散するイメージだ。結果としてこれが関節への負担軽減につながる。

これはどんな競技でも同じ。腕や脚に頼ると肩関節や股関節に負担がかかる。ひとつの仕事をみんなで分散しておこなえるような身体の使い方が理想だ。

腕の動作に背中の筋肉を使う

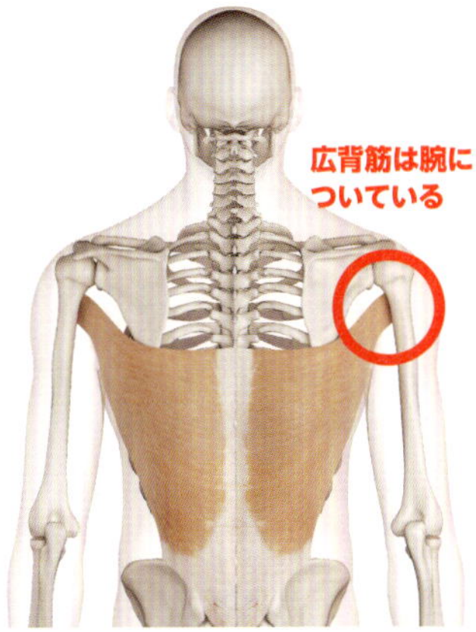

腕を動かすのは腕の筋肉だけではない。肩関節が柔軟になれば、背中にある大きな広背筋も腕の動作に使うことができる。

理由3 より速く、より遠くに 腕や脚が届く!

0・01秒を競う水泳や陸上では、指先ひとつぶん、つま先ひとつぶんが勝敗を分ける。バスケットボールやサッカー、ラグビーでは、転がったボールを相手チームよりも先にコントロールできれば、もう一度攻めることができる。肩関節や股関節の可動域が広がり、腕や脚が今よりもより速く、より遠くに伸ばせるようになればそれこそが大きな武器になるのだ。

ボールへの反応が速くなればその局面を優位に展開できる。また股関節に柔軟性と安定性がつけば、重心が下がり対人プレーが強くなる。

■関節力を手に入れるための心得①

関節をまたぐ筋肉のストレッチで可動域を広げる

筋肉は関節の骨と骨をつなぐようについている。太もも前にある大《だい》腿《たい》四《し》頭筋《とうきん》であれば、股関節をまたいで骨盤とヒザとスネの骨についている。そのため大腿四頭筋が縮めば、股関節が曲がり、太ももを引き上げることができる。逆に大腿四頭筋が伸びれば（ハムストリングが縮めば）、股関節が伸び、太ももを後ろに引くことができる。

たとえば、サッカーのキック時。脚を後ろに引く動作には股関節の柔軟性が必要だが、これは大腿四頭筋の柔軟性ともいえる。大腿四頭

筋が伸びやすくなれば、股関節に制限がかからなくなり大きく引ける。

関節をまたぐ筋肉をストレッチすることで、その関節の可動域は広がる。ストレッチの基本はゆっくりと伸ばし無理をしないこと。痛みを感じる手前で止めて10秒程度キープ。反動をつけて痛みを感じるまで伸ばすと、筋紡錘《きんぼうすい》という体内にあるセンサーが反応し、それ以上伸びないようにと筋肉を硬くしてしまう。1日では効果は薄いが、毎日正しいフォームで続ければ柔軟性が増した筋肉を実感できるようになる。

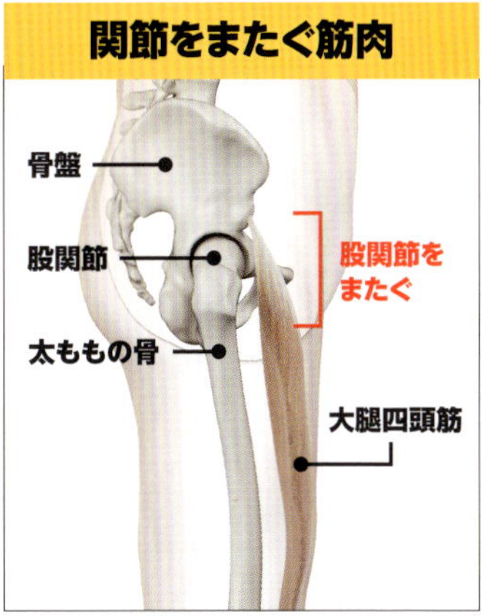
関節をまたぐ筋肉
骨盤
股関節
股関節をまたぐ
太ももの骨
大腿四頭筋

大腿四頭筋は股関節をまたいで骨盤につく。そのため筋肉が縮むことで股関節が曲がる。

太ももの前が伸びる

大腿四頭筋が柔軟になれば股関節の可動域が広がり、脚を後ろに大きく振り上げられる。

まとめ ▶ **毎日正しく続ければ、筋肉に柔軟性が増し関節可動域が広がる。**

■関節力を手に入れるための心得②

深層部の筋肉を鍛えて関節を安定させる

筋肉は便宜上、身体の深層部にある「インナーマッスル」と、表層部にある「アウターマッスル」に分けられる。前者は関節を安定させる働きがあり、後者は大きな力を生み出す働きがある。

この本では前者のインナーマッスルを中心にトレーニングする。深層部にあるため、いくら鍛えても腕が太くなったり胸板が厚くなったりはしないので目に見える達成感は得られない。しかし、スポーツをするうえではとても大切な筋肉だ。

一般的にトレーニングというとダンベルのような重い負荷をイメージするが、ここではペットボトルやタオルなど軽い負荷でおこなう。インナーマッスルは小さい筋肉なので、逆に負荷を上げるとアウターマッスルが働いてしまいトレーニングにならないのだ。

軽い負荷で刺激を入れ続けると関節周りがジワジワと熱くなってくる。それが効いているサイン。目に見えないインナーマッスルに目を向け、関節の安定性を手に入れよう。

関節に安定性を与えるのは低負荷トレーニング!

低負荷トレーニング

関節を安定させるインナーマッスルを強化

ペットボトルやタオルを使った低負荷でのトレーニングは、インナーマッスルを鍛えるときに有効。効率よく効かせるにはアウターマッスルを動かさないこと。

高負荷トレーニング

パワーを生み出すアウターマッスルを強化

ダンベルなどの高負荷でのトレーニングは筋肉を肥大させたいときに有効。厚い胸板や太い腕をつくるような、アウターマッスルへ効かせるトレーニングとして効果的。

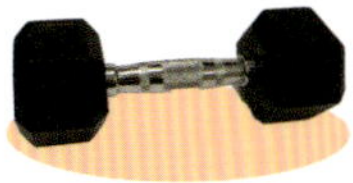

まとめ ▶ **ペットボトルやタオルなど軽い負荷だからこそ、インナーマッスルへ効く。**

■関節力を手に入れるための心得③

筋肉を表と裏のセットで鍛えて身体を整える

本書の狙いのひとつは硬くなった筋肉をストレッチして緩めること。しかし、このとき緩めた筋肉の反対側にある筋肉にも目を向けると、そのストレッチ効果をさらに高めることができる。

たとえば、胸の筋肉（大胸筋《だいきょうきん》）。硬くなった胸の筋肉は猫背の原因のひとつ。ＰＡＲＴ１のストレッチをすることで胸が開き、猫背が解消できる。さらに、ＰＡＲＴ２のトレーニングで胸の反対側にある背中の筋肉（広背筋《こうはいきん》）を鍛えると、背すじが伸び姿勢を維持できるよう

になる。この胸の筋肉と背中の筋肉の関係を拮抗筋《きっこうきん》という。太ももの前と後ろ、腕の前（力こぶができる方）と後ろ（二の腕と呼ばれる方）など、拮抗筋はたくさんある。

本書のＰＡＲＴ１と２をおこなえば、胸と背中など上半身の拮抗筋のストレッチとトレーニングができ、ＰＡＲＴ３と４をおこなえば、下半身の拮抗筋のストレッチとトレーニングができる。これによって、肩甲骨や骨盤が本来あるべき位置に戻り、正常な可動域が確保される。

筋肉の表と裏をイメージする

表と裏をイメージしてバランスよく鍛えることで肩甲骨や骨盤が正しい位置に据えられ正常な関節可動域が保たれる。

猫背の人の筋肉バランス

胸の筋肉が硬い → ストレッチで緩める

背中の筋肉が緩い → トレーニングで締める

ポッコリお腹の人の筋肉バランス

背中の筋肉が硬い → ストレッチで緩める

お腹の筋肉が緩い → トレーニングで締める

O脚の人の筋肉バランス

太ももの外側が硬い → ストレッチで緩める

太ももの内側が緩い → トレーニングで締める

まとめ ▶ 硬い筋肉をストレッチしたら、その裏にある筋肉をトレーニングする。

■関節力を手に入れるための心得④

運動前に締め、後に緩めパフォーマンスを上げる

水泳大会のスタート前。静寂に包まれる会場で椅子に座り気持ちを高める選手たち。彼らがじっと下を向いているのには意識をコントロールする以外に、実はもうひとつ理由がある。

それは、直前に入れた肩関節や股関節のインナーマッスルへの刺激を保っておくためだ。ＰＡＲＴ２、４のようなインナーマッスルのトレーニングをおこない関節を締めて安定させることで、腕や脚を力強く動かすことができるのだ。そして試合後にはＰＡＲＴ１、３にあるよう

なストレッチやマッサージをして関節を緩める。血流も促されるので疲労物質も抜けやすく回復を早めることができる。

わが子の勝利を祈って試合直前まで念入りにストレッチをしてあげている家族をよく見るが、これはもったいない。試合直前にストレッチをしすぎると関節が緩まり、腕や脚に力が伝わりづらくなってしまうこともある。これはあらゆるスポーツでいえることなので、「運動前に締めて、運動後に緩める」という順番はしっかり守ろう。

運動前

▼

関節を締めるトレーニング

本書のPART2、4にあるトレーニングを運動前のアップとしておこなうとパフォーマンス向上に効果的だ。

運動後

▼

関節を緩めるストレッチ

本書のPART1、3にあるストレッチを運動後や就寝前におこなうことで可動域が広がるだけでなく疲労回復を早めることにつながる。

まとめ ▶ **“締める”、“緩める”の順番を守ってパフォーマンスを上げる!**

肩関節可動域に関わる上半身の筋肉

肩関節の可動域に影響を与えている上半身の筋肉を中心に紹介する。本書のトレーニングやストレッチを効果的におこなうために、役割やついている場所を確認しておこう。

アウターマッスル（表層筋）

アウターマッスルとは皮膚に近い表層部にある筋肉。比較的大きな筋肉で動作のパワーを生み出す役割がある。PART1のストレッチでは、これらの筋肉を伸ばして肩関節の可動域を広げる。

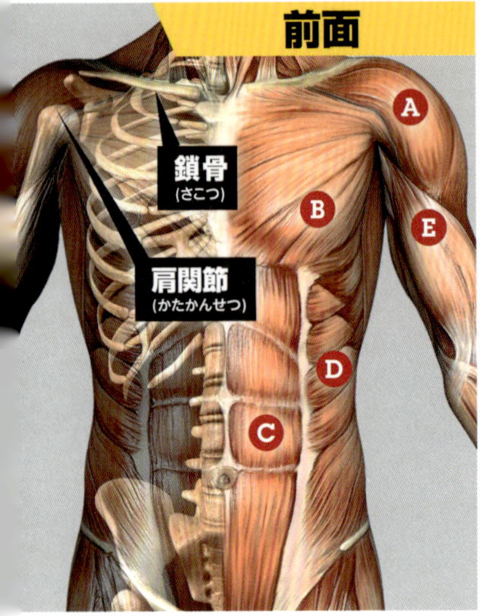

A 三角筋(さんかくきん)(前面)

肩を囲うように前から後ろまでついている。前面は腕を前から引き上げるような動作などに働く。

B 大胸筋(だいきょうきん)

胸の大部分を扇状で覆い、肩関節をまたいで腕と胸を結んでいる。腕立て伏せや腕を振る動作などに働く。

C 腹直筋(ふくちょくきん)

お腹の前にある筋肉。6つに割れており体脂肪が減るとその形が見えてくる。身体をたたむ動作などに働く。

D 腹斜筋(ふくしゃきん)

お腹の側面にある筋肉。上半身をねじるような動作や、姿勢の維持や安定に大きく働く。

E 上腕二頭筋(じょうわんにとうきん)

“力こぶ”ができる筋肉で縮むことでヒジが曲がる。肩関節をまたいで腕と肩甲骨を結んでいる。

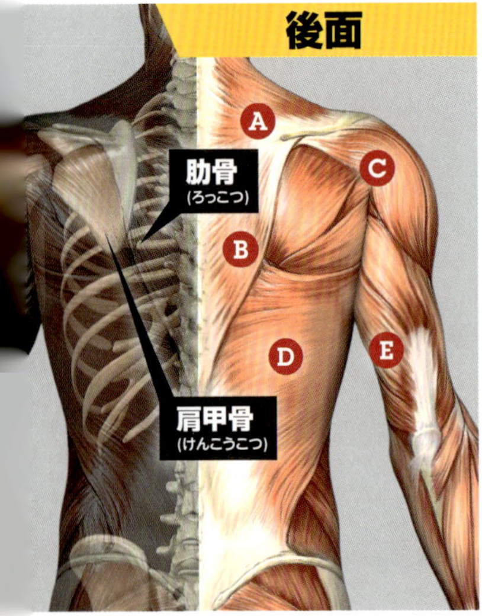

A 僧帽筋(そうぼうきん)(上部〜中部)

頭から腰まで背中を広範囲に覆い、上部、中部、下部に分けられる。上部は肩をすくめるような動作に働く。

B 僧帽筋(そうぼうきん)(中部〜下部)

中部から下部は肩甲骨を背中側に引き寄せたり、下ろしたりするような動作に働く。

C 三角筋(さんかくきん)(後面)

三角筋は肩を囲っているが、その後面は腕を後ろに引き上げる動作などに働く。

D 広背筋(こうはいきん)

背中の広範囲を覆っている。背中と腕を結んでいるので腕を動かす動作にも大きく働いている。

E 上腕三頭筋(じょうわんさんとうきん)

“二の腕”と呼ばれる部位。腕を伸ばす動作などに働く。

インナーマッスル(深層筋)

インナーマッスルは身体の深層部にあり、いくら鍛えても見た目にわかるほど筋肉が大きくなることはない。関節を安定させたり、姿勢を維持するなどの役割があるのでPART2でこれらの筋肉を中心に鍛えることで肩関節の安定性が向上する。

A 前鋸筋
(ぜんきょきん)

ノコギリのような形状で肩甲骨と肋骨を結んでいる。遠くに大きく手を振るような動作に働く。

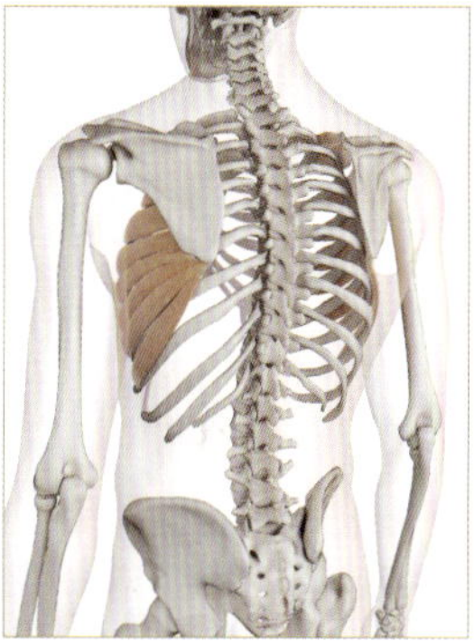

B 腹横筋
(ふくおうきん)

腹斜筋の深層部にある筋肉。内蔵を保護するとともに、腹圧を高め横隔膜を押し上げる役割も担っている。

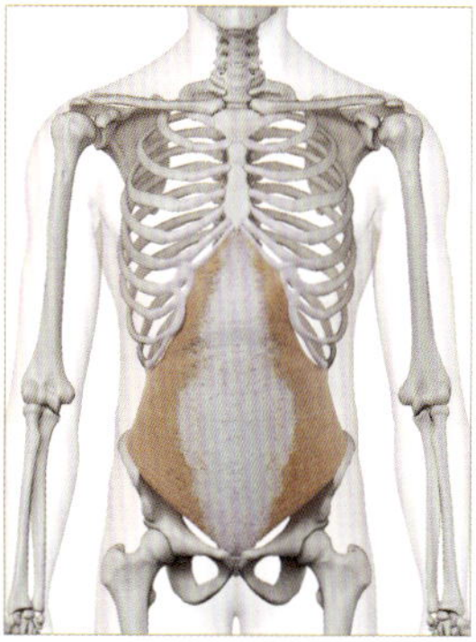

C 肩甲下筋
(けんこうかきん)

肩甲骨前面につく。この付近には小さな筋肉が複数あり、総称してローテーターカフと呼ぶ。

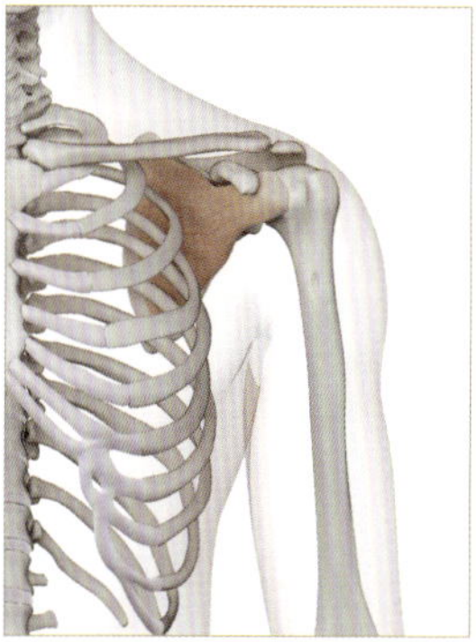

D 多裂筋
(たれつきん)

首から骨盤まで背骨に沿ってつく筋肉なので、背すじを伸ばした姿勢を維持するためには欠かせない。

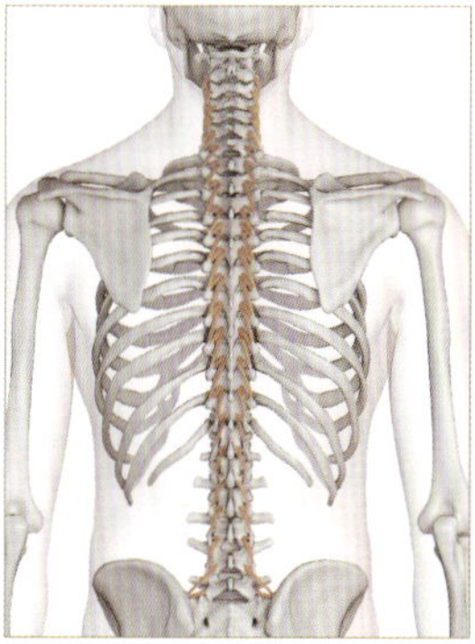

E 菱形筋
(りょうけいきん)

僧帽筋の深層部にあり、肩甲骨を背中側に引き寄せる動作に関わる。背骨と肩甲骨を結んでいる。

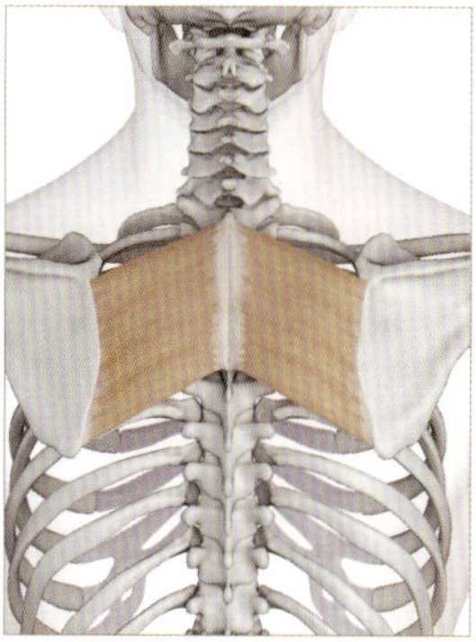

F 肩甲挙筋
(けんこうきょきん)

僧帽筋の深層部にある。菱形筋と協力して肩甲骨を引き上げる。首をすくめるような動作にも働く。

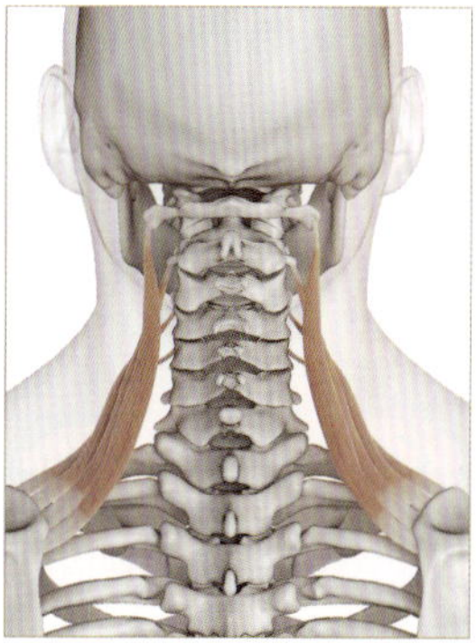

股関節可動域に関わる 下半身の筋肉

股関節の可動域に影響を与えている下半身の筋肉を中心に紹介する。お尻や太ももには大きな筋肉が集中しており、本書のトレーニングやストレッチでも数多く登場するので役割や場所を確認しておこう。

アウターマッスル(表層筋)

下半身のアウターマッスルは、振る、走る、跳ぶ、蹴るなど多くのスポーツで大きなパワー源になっている。PART3のストレッチでは、これらの筋肉を中心に伸ばして股関節の可動域を広げる。

前面

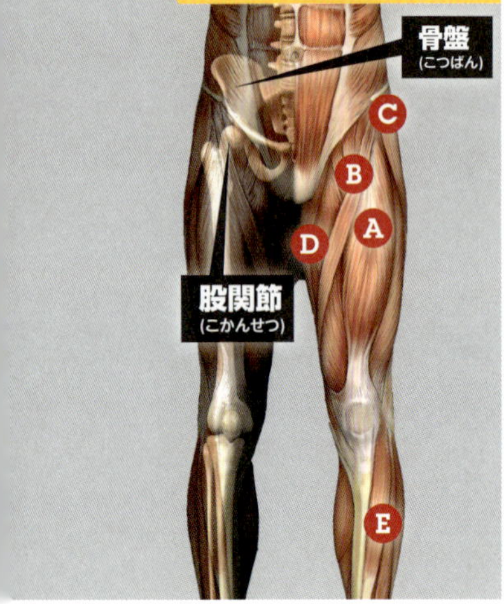

A 大腿四頭筋(だいたいしとうきん)

骨盤からスネの骨を結ぶ長い筋肉。脚を動かすほとんどの動作に働き、大きなパワーを生み出す。

B 縫工筋(ほうこうきん)

骨盤からスネの骨まで斜めに伸びる、身体の中で最も長い筋肉。脚を曲げる動作などに働く。

C 大腿筋膜張筋(だいたいきんまくちょうきん)

太もものつけ根の外側にある筋肉。骨盤安定に働くため、まっすぐ立ったり、まっすぐ歩く動作には欠かせない。

D 股関節内転筋群(こかんせつないてんきんぐん)

股関節をまたいで骨盤と大腿骨につく。両ヒザをつけてまっすぐ立つような動作に関わっている。

E 前脛骨筋(ぜんけいこつきん)

スネに沿うようにつく筋肉。つま先を上げる動作に働く。ランナーが痛めやすい筋肉でもある。

後面

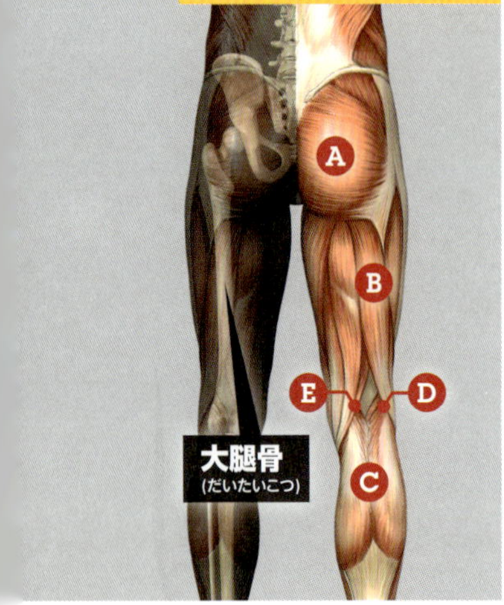

A 大殿筋(だいでんきん)

お尻を覆うようについている。ダッシュやジャンプなど脚を曲げた状態から伸ばす動作などに働く。

B ハムストリング

骨盤からふくらはぎまでを結ぶ長い筋肉。大殿筋と同じく脚を後ろに蹴り出すような動作に働く。

C 下腿三頭筋(かたいさんとうきん)

ふくらはぎの筋肉。表層部にある腓腹筋と深層部にあるヒラメ筋の総称であり、走る動作などに働く。

D 足底筋(そくていきん)

名前からすると足裏にありそうだが、ヒザの裏にある。つま先立ちや歩行時に地面を蹴る動きなどに働く。

E 膝窩筋(しっかきん)

足底筋と同じくヒザの裏にある筋肉。直立した状態から歩き出すなど、ヒザを曲げ始める動作に働く。

インナーマッスル（深層筋）

ここで紹介しているインナーマッスルはすべて股関節をまたいで骨盤と大腿骨についている。PART4のトレーニングでこれらの筋肉を鍛えられることで股関節は安定し、その下半身の安定があらゆるスポーツのパフォーマンスを上げる。

A 中殿筋
（ちゅうでんきん）

お尻の横にある筋肉。歩行時、片脚が浮いていても骨盤が傾かないように骨盤を支える動きなどに働く。身体の軸を保つためには欠かせない筋肉。

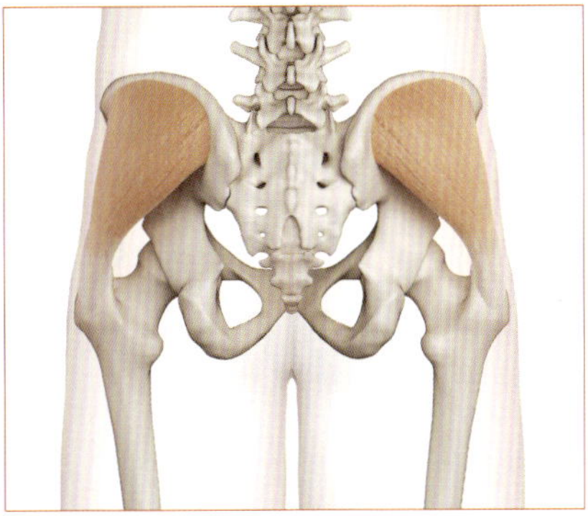

B 小殿筋
（しょうでんきん）

中殿筋のさらに深層部にあるインナーマッスル。中殿筋同様に骨盤を支えて安定させる働きがあるため、あらゆるスポーツで必須となる筋肉だ。

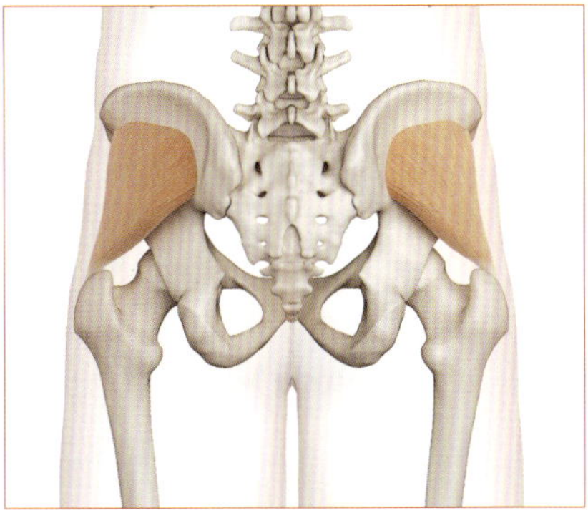

C 大腰筋
（だいようきん）

歩行時に太ももを引き上げるような動作に大きく働く。役割の似た腸骨筋（ちょうこつきん）と合わせて腸腰筋（ちょうようきん）と呼ばれる。

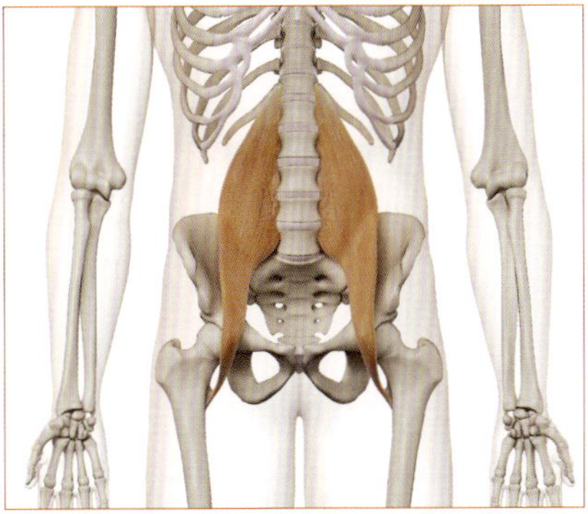

D 梨状筋
（りじょうきん）

骨盤を安定させる筋肉。この付近にはさらに小さな筋肉が複数あり、深層外旋六筋（しんそうがいせんろくきん）と総称することもある。

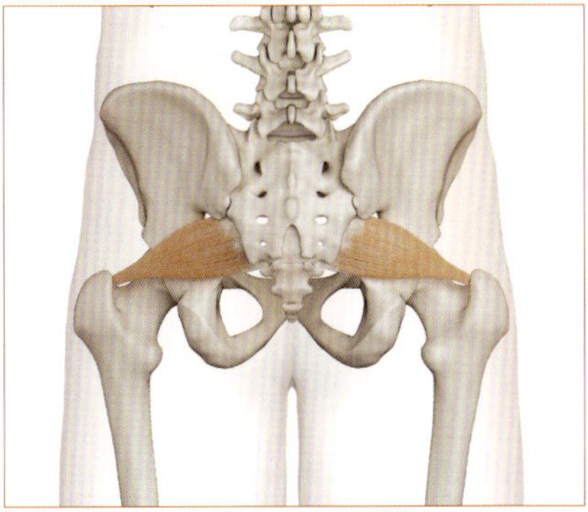

Column

コラム

01

ストレッチを変えればパフォーマンスが上がる

体育の授業や週末のゴルフなど、突然動いてケガをしないため運動前にストレッチをすることは、多くの方にとって習慣になっています。しかし、多くの方がしている一般的なストレッチは「静的ストレッチ」と呼ばれ、実は運動後におこなうとよいとされています。

通常、疲労物質は血液中に運ばれて除去されますが、運動で疲労した筋肉は硬くなり血行不良を起こしているため、その除去が進みません。そこで静的ストレッチによって筋肉を緩め、血流を促すのです。本書で紹介しているストレッチもすべて静的ストレッチなので、運動後や就寝前におこなうと効果的でしょう。

では、運動前には何をすればいいのかというと、筋肉温度を上げることを目的とした「動的ストレッチ」です。軽度な動作をともなうのでスペースが必要ですが、運動前におこなえばパフォーマンスが上がるというデータもあります。

PART 1

肩関節の可動域を広げるストレッチ

この章では肩甲骨を含む肩関節の可動域を広げるストレッチを紹介する。
どのストレッチも身体の軸を保つことを意識しながらおこなおう。

Check!

はじめる前にやってみよう!
肩関節の柔軟性チェック

背中や胸の筋肉が柔軟になれば肩関節可動域は広がる。PART1をはじめる前にまずは現状の柔軟性をチェックしてみよう。

CHECK 1　広背筋の柔軟性

両腕を合わせて鼻の位置よりもヒジを高く上げられるか?

やり方

1 胸の前で両腕を合わせてそのまま上に上げる

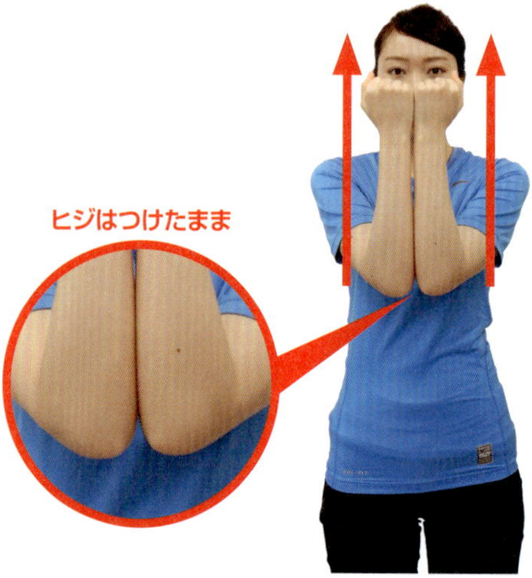
ヒジはつけたまま

結果

柔軟性あり

鼻より高く上がる

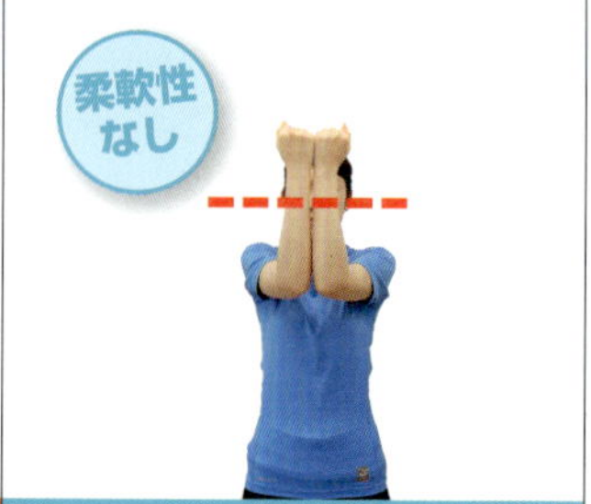
柔軟性なし

鼻まで上がらない

ヒジが鼻よりも高く上がらない人は背中側が硬く、腕を大きく回す動作に窮屈さを感じやすい。鼻よりも高く上がった人は背中側の柔軟性が高いが、これを維持できるようにPART1のストレッチを続けよう。

CHECK 2 大胸筋の柔軟性

タオルを伸ばしたまま腕を前から後ろに回せるか?

やり方

1 90cm程度の幅で
タオルをつかみ腕を前に伸ばす

2 そのままヒジを曲げずに
後ろに回す

結果

タオルの水平を保てる

タオルが斜めになる

背中側に回すときにタオルが斜めになってしまう人は胸側が硬く、腕を後ろに回す動作に窮屈さを感じやすい。タオルの水平を保てる人は胸側の柔軟性が高いが、維持するためにPART1のストレッチを続けよう。

この章のストレッチをまとめてチェック！

肩関節の可動域を広げるストレッチ 早見表

本章の狙いは肩まわりをストレッチして肩甲骨を自由に動かせるようにすること。ストレッチ中は肩関節や肩甲骨の動きをイメージしよう。

Stretch 1

フクロウ

ヒジを手前に引き肩の後ろをストレッチ

肩の後面

僧帽筋（そうぼうきん）

三角筋（さんかくきん）

左右10秒ずつ

P32へGO!

Stretch 4

エレファント

ペットボトルの重みを利用して肩全体をストレッチ

肩全域

肩周り全域

前回し・後ろ回し交互に連続10回

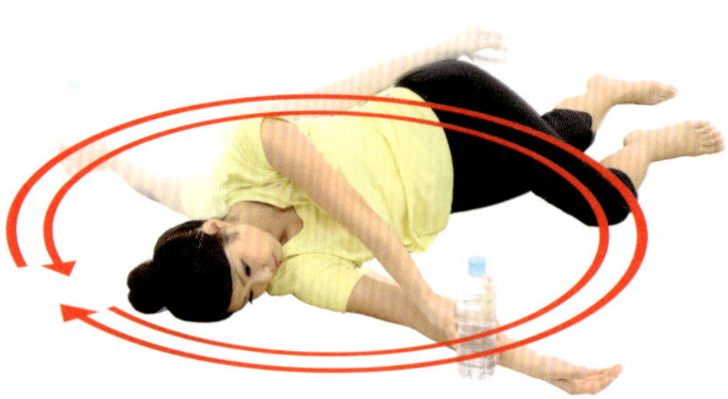

P38へGO!

Stretch 2

モンキー

**ヒジをつかみ身体を横に倒し
腕と体側をストレッチ**

腕・体側

上腕三頭筋
（じょうわんさんとうきん）

前鋸筋
（ぜんきょきん）

左右
10秒ずつ

P34へGO!

Stretch 3

ゆりかご

**身体をゆっくり揺すって
肩の前をストレッチ**

肩の前面

三角筋
（さんかくきん）

大胸筋
（だいきょうきん）

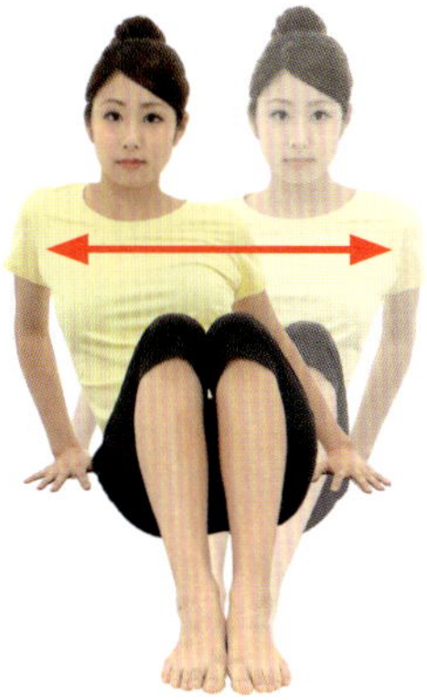

6往復

P36へGO!

Stretch 5

パタパタ

**ヒジを上下させて
ワキの下や背中をストレッチ**

肩・背中

前鋸筋
（ぜんきょきん）

左右
10回ずつ

P40へGO!

Stretch 6

エレベーター

**肩甲骨を寄せ広げさせ
背中をストレッチ**

背中

広背筋
（こうはいきん）

10回

P42へGO!

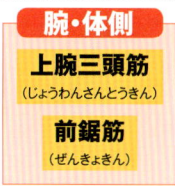

DVD 1-1
肩関節ストレッチ①
肩の後面

フクロウ

ヒジを手前に引き肩の後ろをストレッチ

1

手の甲を背中の中心につけ逆の手でヒジをつかむ

姿勢を正して体の軸を一直線に保つ

トレーニングの目安

左右 10秒ずつ

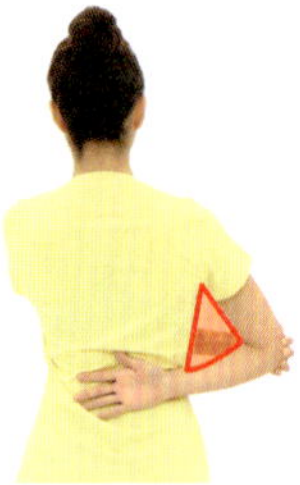

三角形ができるように
ヒジを曲げる

ココに効く！

肩の後面が柔軟になり腕を伸ばしやすくなる

フクロウの羽のように三角形を作りヒジを手前に引くことで、僧帽筋や三角筋後面がストレッチされ、**肩甲骨が大きく動かせるようになる**。これによってテニスや卓球のスイングのように、**腕を前に伸ばす動作がスムーズになる**。

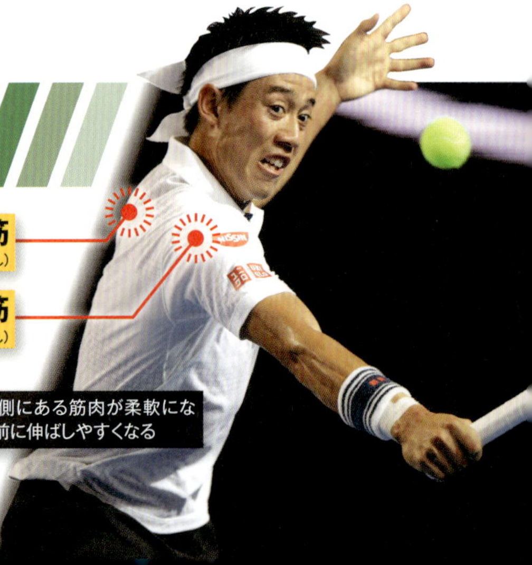
僧帽筋
（そうぼうきん）
三角筋
（さんかくきん）

肩の後ろ側にある筋肉が柔軟になれば腕を前に伸ばしやすくなる

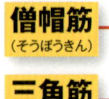

2

つかんだヒジを
ゆっくり手前に引く

身体の軸を保ったままヒジを引き10秒キープ

意識はココに

肩の後面深層部が
伸びていることを感じよう。

手の甲は背中に
つけたまま

背すじが伸びている

姿勢を正して背すじを伸ばすことで効果的にストレッチされる

猫背になっている

猫背になると肩の後面が伸びずストレッチ効果がない

モンキー

ヒジをつかみ身体を横に倒し腕と体側をストレッチ

1

背すじを伸ばし
背中側でヒジをつかむ

両足は肩幅よりやや広めに開く

トレーニングの
目安
左右
10秒ずつ

背筋を伸ばして
ヒジをつかむ

ココに効く！

身体をひねる動作が
スムーズにおこなえる

片方の腕を上げて身体を横に倒すことで、上げた方の上腕三頭筋からワキの下まで体側部の広範囲がストレッチされる。これによって**身体をひねる動作がスムーズにおこなえる**ようになるので、バッティングなどの**スイング動作が向上する**。

上腕三頭筋
(じょうわんさんとうきん)
前鋸筋
(ぜんきょきん)

上腕三頭筋や前鋸筋などが柔軟になれば
腕振りもスムーズになる

2

ヒジをつかんだまま身体を横に倒す

息を吐きながらゆっくり倒す

意識はココに

肩甲骨から
腰にかけての
伸びを感じよう。

背すじを伸ばしたまま
身体を横に倒す

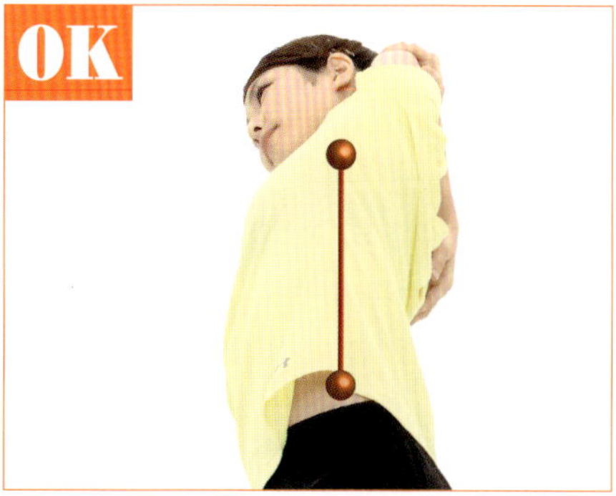

胸を張っている

胸を張ったまま身体を倒すことでワキの下（胸郭）が効果的にストレッチされる

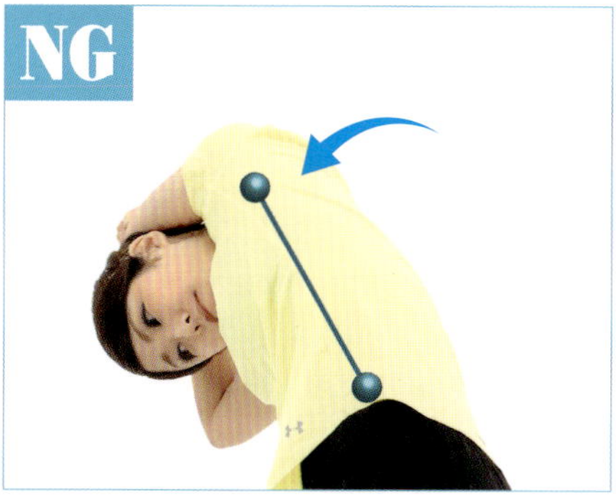

身体が前傾している

肩周りが硬い人がこのストレッチをおこなうと身体が前傾しやすい

ゆりかご

身体をゆっくり揺すって肩の前をストレッチ

1 両手を後ろに伸ばし ヒザを立てて座る

指先を前に向けて手のひらを床につける

トレーニングの目安
6往復

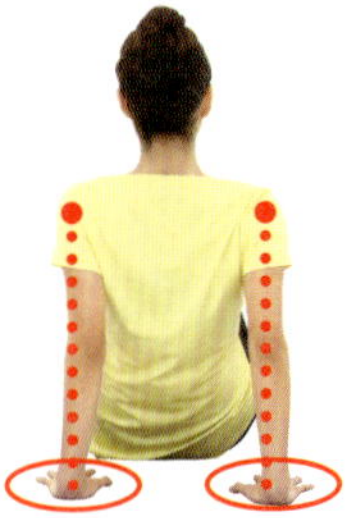

両手は肩幅程度に
開いてつく

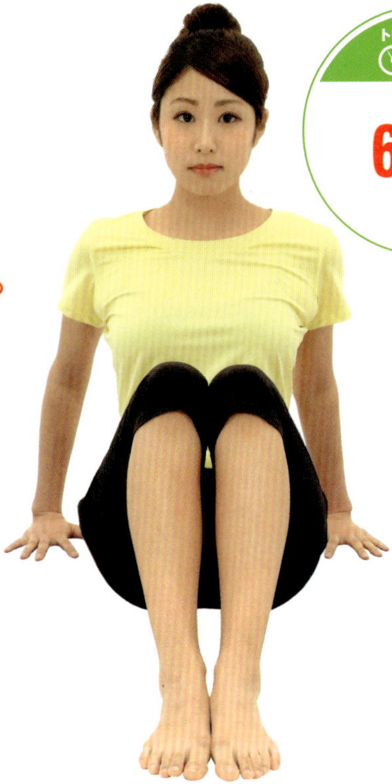

ココに効く!

胸や肩が柔軟になり 腕を後ろに回しやすくなる

ゆりかごのように身体を左右に揺らすことで、三角筋の前面や大胸筋がストレッチされる。これによって**腕を後ろに回す動作がスムーズにおこなえる**ようになるので、ピッチングの**テイクバック動作などが向上する**。

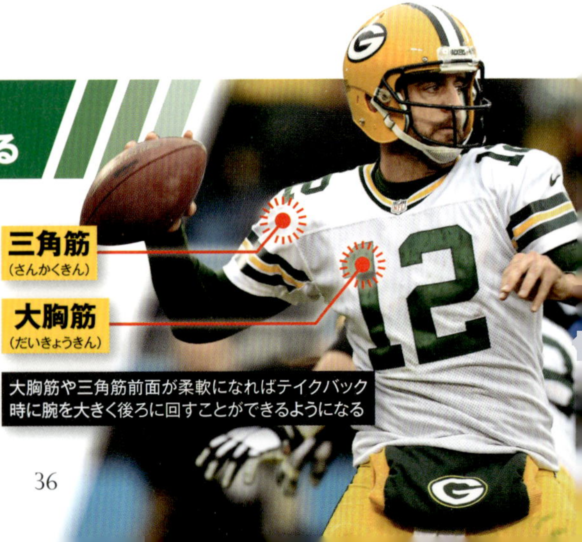

大胸筋や三角筋前面が柔軟になればテイクバック時に腕を大きく後ろに回すことができるようになる

2 ゆっくりと左右に身体を揺らす

身体をねじらず肩を平行に保ったまま左右に揺らす

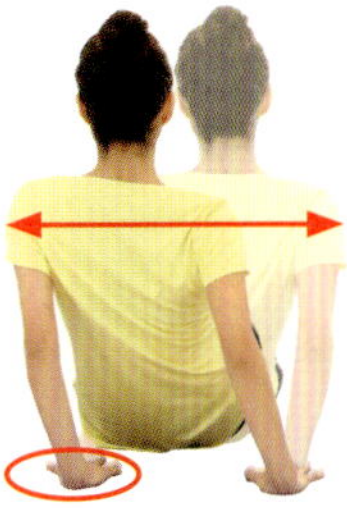

片方の腕にしっかりと体重を乗せる

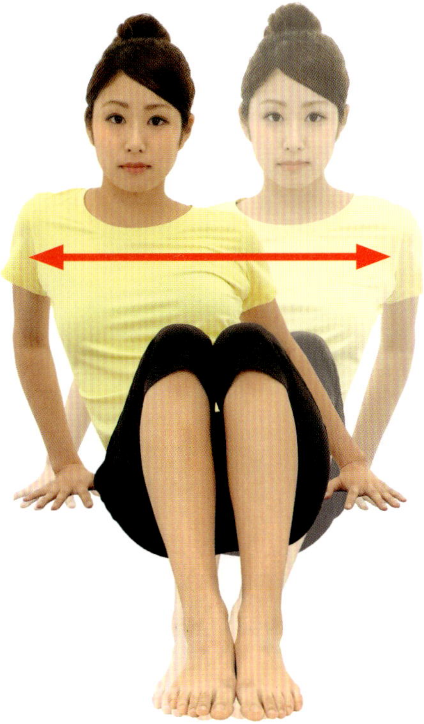

意識はココに

体重を乗せた側の肩から胸の伸びを感じよう。

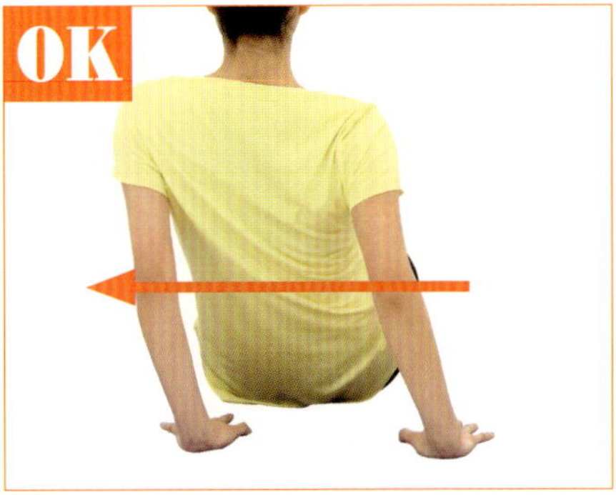

身体をねじらずに揺らす

身体をねじらなければ片方の腕にしっかりと体重を乗せることができる

身体をねじって揺らす

身体をねじるだけでは体重移動ができず、筋肉を効果的に伸ばせない

エレファント

ペットボトルの重みを利用して肩全体をストレッチ

1 半身になり水の入った500ml ペットボトルをつかむ

上の脚のヒザを床につけ身体の開きを抑える

トレーニングの目安
前回し・後ろ回し
交互に連続
10回

ココに効く!

より高くより大きく 腕を動かせるようになる

水の入ったペットボトルを持ち、象の鼻のように腕を大きく回すことで、肩が全方向に伸ばされる。**腕が大きくスムーズに動くようになる**ので、卓球のレシーブのように今まで届かなかったボールにも対応できるようになる。

肩関節周りの筋肉がストレッチされるので腕の動きがスムーズになる

2 ペットボトルを持った腕をゆっくりと大きく回す

1回転ごとに前回しと後ろ回しを交互におこなう

意識はココに

腕が前のときは肩甲骨が、後ろのときは胸が伸びていることを感じよう。

OK

ヒザが床についたまま

身体を開かずにおこなうと効果的にストレッチできるのでヒザは床につけておこう

NG

ヒザが床から離れている

ヒザが床から離れると腕を後ろに伸ばしたときに身体が開いてしまいストレッチ効果が薄れる

パタパタ

ヒジを上下させてワキの下や背中をストレッチ

1 四つんばいになり ヒジを上げて胸を開く

手のひらは後頭部につけておく

トレーニングの目安
左右 10回ずつ

ココに効く！
背中を中心に柔軟になり 腕がスムーズに伸びる

ヒジを曲げて腕をパタパタと上下させることで、肩から背中、ワキの下までストレッチされる。これによって格闘技のパンチや水泳のリカバリー（水をかいてから腕を前に戻す動き）など、腕の出し入れがスムーズになる。

前鋸筋
（ぜんきょきん）
腕を伸ばしてすばやく戻す
といった動作が向上する

2 身体の軸を保ったまま ヒジを内側に入れる

背中からワキの下までストレッチされていく

意識はココに

背中からワキの下が伸びることを確認しよう。

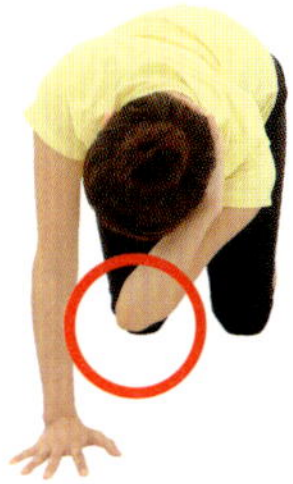

ヒジが顔の下辺りまでくるように

ヒジは肩の高さで止める

ヒジは肩の高さで止めて身体の軸をキープする

ヒジが肩の高さより上がる

ヒジが肩の高さより上がると身体の軸がブレてしまう

エレベーター

肩甲骨を寄せ広げさせ背中をストレッチ

1

タオルを持ち両腕を高く上げる

両足は肩幅よりやや広めに開く

トレーニングの目安

10回

肩甲骨はリラックスさせたまま腕を上げる

ココに効く！

背中が柔軟になり肩甲骨が自由に動くようになる

エレベーターのようにタオルを上下させることで肩甲骨周囲がストレッチされると同時に、**肩甲骨を背中側に寄せる感覚が身につく**。肩甲骨が自由に動くようになればバドミントンのラケットさばきのように、**腕をスムーズに動かすことができる**ようになる。

広背筋
（こうはいきん）
ターゲットは広背筋だが肩甲骨周囲の深層部にある小さな筋肉もストレッチされる

2

ヒジを曲げ首の後まで タオルを下げる

タオルは床と並行を保つ

意識はココに

腕ではなく 肩甲骨の動きを 感じよう。

肩甲骨を背中側に
寄せる意識でおこなう

指を立てて肩はリラックス

肩や腕が力まないように親指と人指し指を立ててリラックスした状態でタオルを上下させる

肩や腕に力が入っている

すべての指でタオルを強く握ると肩や腕に力みが生じてストレッチ効果が薄れてしまう

コラム

02

Column

「腰を回す」といっても、回っているのは腰ではない

野球やゴルフ、サッカーなどスイング動作のあるスポーツでは、よく「腰を回す」というフレーズを耳にします。動作のイメージもしやすいので、指導をするうえでも頻繁に使われることでしょう。実際の動作を見ても腰を回しているように見えます。しかし、腰（腰椎）を回す回旋《かいせん》可動域は、実際のところ5°程度しかないといわれています。

――――では、なぜ腰が回るのか?

この動作を可能にしているのは腰の上にある背骨（脊柱《せきちゅう》）です。腰は回っているように見えるだけで、実際には胸郭が大きくねじられているのです。しかし、胸郭の周囲は肋骨や肩甲骨など骨が密集しているため硬くなりやすく、柔軟性の個人差が顕著に現れる部位でもあります。そのため、ストレッチを日頃からおこなっている人は腰の回転がスムーズになり、ケアを怠っている人はその動作がぎこちなくなる、という傾向があります。

PART 2

肩関節を安定させるトレーニング

この章では主に肩周りのインナーマッスルを鍛えて肩関節を安定させる。目には見えない筋肉だが正しいフォームでおこなえばしっかり効く。肩周りがジワジワ熱くなってきたら、それが効いているサインだ。

はじめる前にやってみよう！

肩関節の安定性チェック

PART2をはじめる前に、自分の肩関節の安定性がどの程度なのかチェックしよう。判断基準は同じ動作を何回繰り返せるかだ。

CHECK 1 ローテーターカフの強度

ヒジを身体につけたまま何回ペットボトルを上下できるか？

やり方

1 ヒジを身体につけて手首を曲げずにペットボトルを上下させる

結果

30回以上

30回未満(ヒジが浮く)

ローテーターカフとは棘上筋《きょくじょうきん》、棘下筋《きょくかきん》、肩甲下筋《けんこうかきん》、小円筋《しょうえんきん》の総称。すべて肩周りにあり、その安定性を担っている。30回未満で辛くなったりヒジが上がる人はこの筋肉が十分でない可能性がある。できた人もトレーニングは続けよう。

CHECK 2 菱形筋《りょうけいきん》の強度

肩は動かさずに肩甲骨を寄せて何回ペットボトルを上げられるか?

やり方

1 前傾姿勢になりペットボトルを持った腕を伸ばす

2 肩甲骨を寄せてペットボトルを上下

結果

柔軟性
あり

30回以上

柔軟性
なし

30回未満(肩が上がる)

菱形筋は肩甲骨を背中側に引き寄せるインナーマッスルであり、背すじを伸ばした姿勢を作るのには欠かせない。30回未満で辛くなったり、肩が上がってしまう人はこの筋肉が十分でない可能性がある。30回以上できた人もさらなる高みを目指してトレーニングを続けよう。

この章のストレッチをまとめてチェック!

肩関節を安定させるトレーニング早見表

PART2の狙いは、肩周りのインナーマッスルを鍛えて肩関節を安定させること。深層部にある筋肉をイメージしながらおこなおう。

Training 1

うちわ

腕を上下させ肩のインナーマッスルを鍛える

肩

ローテーターカフ

左右30回ずつ

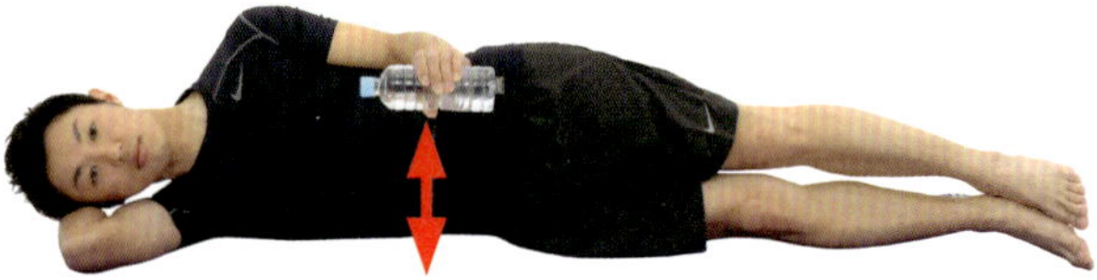

P50へGO!

Training 4

スズメ

ヒジを曲げ伸ばしして腕から肩を鍛える

腕・肩

上腕三頭筋
(じょうわんさんとうきん)

10回

P56へGO!

Training 2 クワガタ

肩甲骨を寄せ背中の小さい筋肉を鍛える

背中

僧帽筋（そうぼうきん）

菱形筋（りょうけいきん）

20回

P52へGO!

Training 3 バッファロー

大きく腕を動かし腕と体幹の連動性を高める

背中

菱形筋（りょうけいきん）

僧帽筋（そうぼうきん）

20回

P54へGO!

Training 5 クロール

腕を上げ肩のインナーマッスルを鍛える

肩・背中

ローテーターカフ

10往復

P58へGO!

Training 6 パドル

タオルを引き背中のインナーマッスルを鍛える

背中

菱形筋（りょうけいきん）

僧帽筋（そうぼうきん）

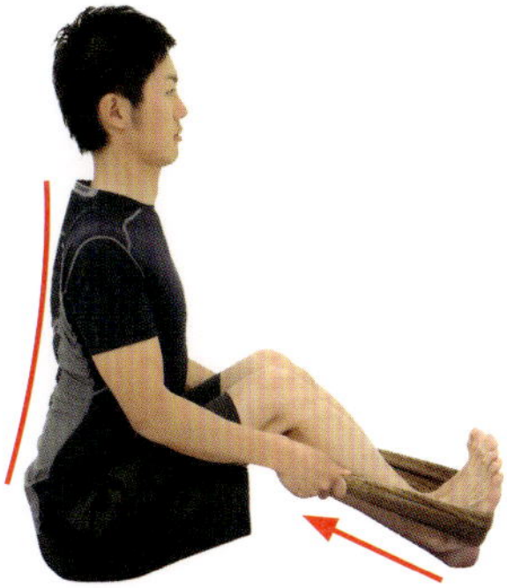

10回

P60へGO!

うちわ

腕を上下させ肩のインナーマッスルを鍛える

トレーニングの
目安
左右
30回ずつ

1 半身になり上の手でペットボトルをつかむ

身体を傾けずに一直線をキープ

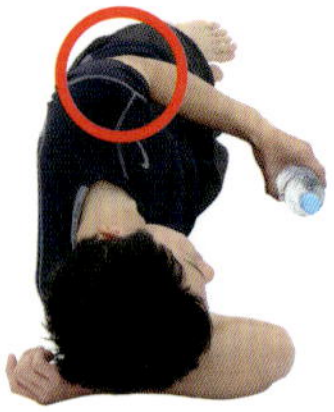

ペットボトルをつかむ
腕のヒジは身体につける

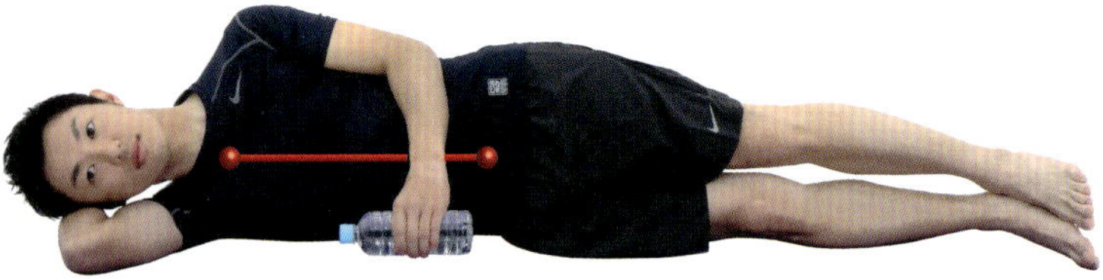

ココに効く!

肩関節の小さな筋肉に刺激が入り肩が安定する

うちわのようにペットボトルを持った手を上下させることで、肩関節のインナーマッスルであるローテーターカフが鍛えられ、**肩関節が安定する**。ピッチングやテニスなど肩を回す競技では**ケガ予防のためにもとても重要な筋肉**だ。

肩まわりの深層部にある4つの筋肉の総称が「ローテーターカフ」であり肩を安定させる要

2 ヒジを体側につけたまま ゆっくり腕を上下させる

上下幅はあまり広げなくてよい

手首は曲げずに
ゆっくりと動かす

! 意識はココに

首や腕には力を入れず
肩の深層部の小さな筋肉で
動かすイメージを持とう。

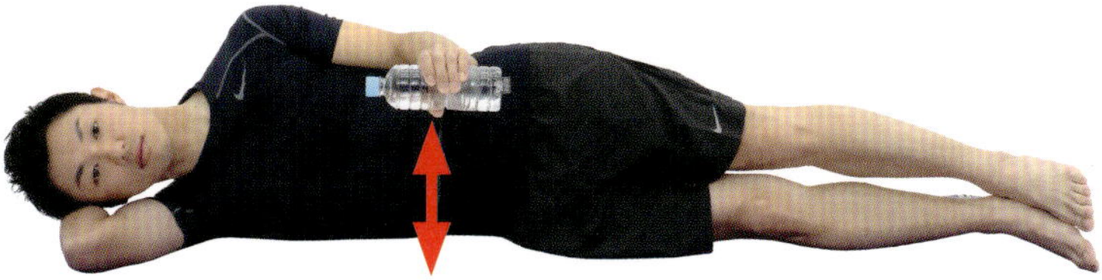

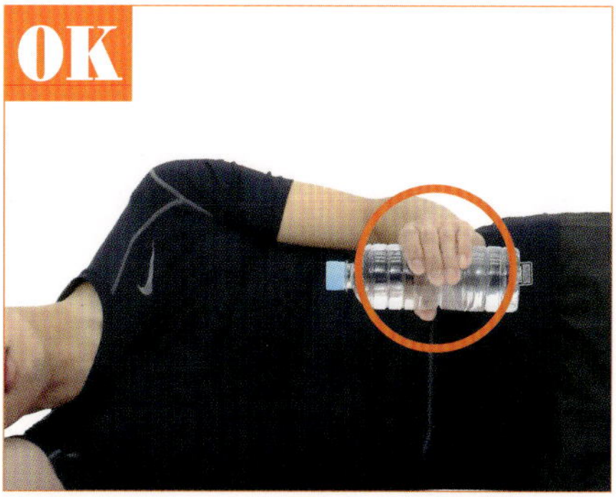

手首が返っていない

手首をまっすぐ固定させているので肩の深層部の筋肉に刺激が入る

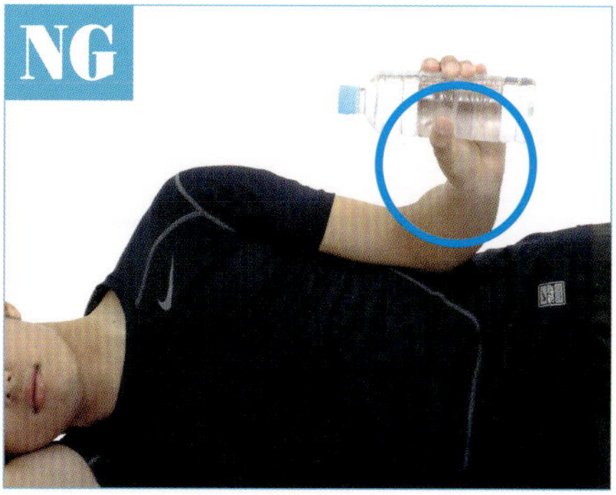

手首が返っている

手首を返してしまうと前腕（ヒジから手首の間）の筋肉のトレーニングになってしまう

DVD 2-2

肩関節トレーニング②

背中

クワガタ

肩甲骨を寄せ腕と背中の小さい筋肉を鍛える

1 ペットボトルを持ち両腕を前に伸ばす

スタートの腕の高さは肩の高さに合わせる

トレーニングの目安

20回

ココに効く！

肩甲骨を背中側に寄せる感覚が身につく

クワガタの角のようにペットボトルを持った腕を前に伸ばす。そして菱形筋で肩甲骨を引き寄せて腕を上下させる。**肩甲骨が自由に動くようになる**ので、バレーのサーブのテイクバックのように、**腕を背中側に回す動作が向上する**。

肩甲骨を背中側に寄せる菱形筋は肩を回す多くのスポーツで重要になる筋肉だ

2 肩甲骨を引き寄せて腕を上げる

肩の高さは変えずに腕をゆっくり上げる

意識はココに

肩甲骨を背中側に寄せていることを感じよう。

肩甲骨を背中側に
寄せながらおこなう

肩が上がっていない

肩ではなく肩甲骨を動かして腕を上げることがこのトレーニングの狙いだ

肩が上がっている

肩の力を使うと肩甲骨を寄せることなく腕が上がるのでトレーニングにならない

バッファロー

大きく腕を動かし腕と体幹の連動性を高める

トレーニングの目安

20回

1 両方のヒジを身体の前で合わせる

水の入ったペットボトルを逆手で持ち底を合わせる

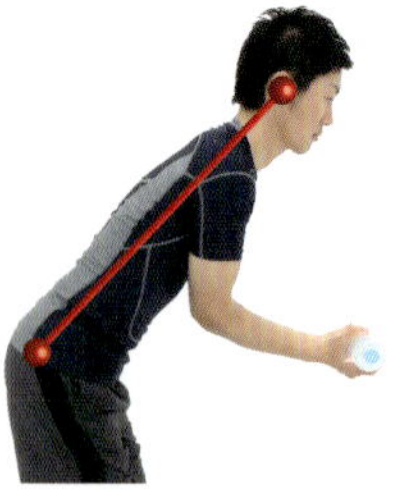

背中の延長線上に頭がくるようにする

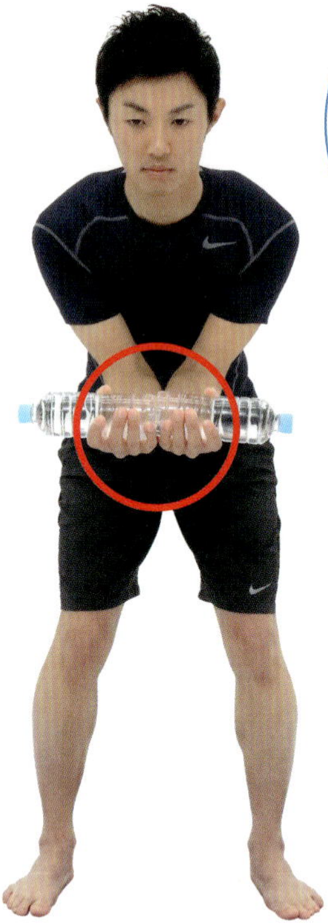

ココに効く！

肩甲骨を寄せながら腕を伸ばす感覚が身につく

「クワガタ」（➡P52）の強度を高くしたトレーニング。バッファローの角に見立てた腕を横に広げて上下させる。ロードレーサーのポジションのように、菱形筋で**肩甲骨を引き寄せたまま腕を伸ばせるようになる**ので、**身体の軸も安定する**。

菱形筋
（りょうけいきん）
僧帽筋
（そうぼうきん）

菱形筋や僧帽筋で肩甲骨を引き寄せたまま腕を伸ばせれば軸が安定する

2 肩甲骨を引き寄せて ワキを開く

肩は動かさずにワキの開閉を繰り返す

肩甲骨以外は
動かさない

意識はココに

**意識は常に肩甲骨へ
向けるように心がけよう。**

肩の高さは常に一定

肩甲骨を引き寄せる動きだけで腕を動かすイメージでおこなうと高い効果が期待できる

肩が上がりヒジも曲がる

ペットボトルを上げることに意識が向かうと肩の力に頼ったりヒジが曲がりすぎるので注意しよう

DVD
2-4
肩関節
トレーニング④

腕・肩

スズメ

ヒジを曲げ伸ばしして腕から肩を鍛える

1 ヒザを曲げて座り 腕を後ろに伸ばす

指先を身体の方向に向けて床につく

トレーニングの 目安

10回

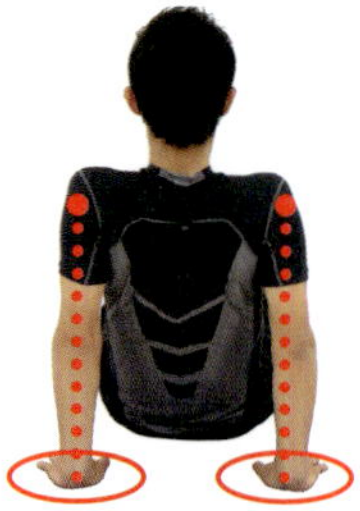

両手は肩幅と
同じ程度に開く

ココに効く!

腕を最後まで振り切れるようになる

スズメの羽のような小さい動きでヒジの曲げ伸ばしをおこなう。上腕三頭筋や肩関節のインナーマッスルが鍛えられ、同時に肩の前面がストレッチされる。上腕三頭筋は腕を伸ばす動きに働くので、ゴルフなどスイング動作で**ボールに負けずに最後まで振り切れる**。

上腕三頭筋
(じょうわんさんとうきん)
上腕三頭筋はヒジを伸ばす動作で使われる筋肉

2 ヒジの曲げ伸ばしをゆっくりとおこなう

腕立て伏せのようにヒジを曲げ伸ばす

余裕のある人はお尻を浮かせてやってみよう

意識はココに

肩の上も伸びていることを感じよう。

肩の水平が保たれている

両肩の水平を保つことで肩鎖関節（肩と鎖骨の間）のストレッチ効果もプラスされる

肩が傾斜している

肩が傾くとほかのアウターマッスルが働いてしまい狙ったトレーニングにはならない

DVD
2-5

肩関節
トレーニング⑤

肩・背中

クロール

腕を上げ肩のインナーマッスルを鍛える

1

ペットボトルを持ち片方の腕を上げる

ペットボトルは傾けず地面と水平にして持つ

トレーニングの目安

10往復

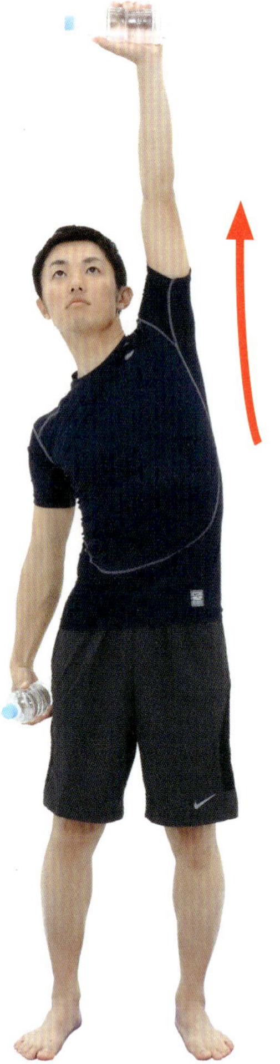

ワキから背中全体を
大きく伸ばす

ココに効く！

腕が高く上がるようになり大きく回す動作も安定する

スイマーにおすすめのトレーニング。泳ぐ前におこなうと腕を力強く回せるようになり、肩のケガ予防にもなる。肩関節の安定と体幹のストレッチが同時におこなわれるので、肩を回すあらゆる競技のウォーミングアップに適している。

ローテーターカフが鍛えられれば肩関節が安定してパフォーマンスが上がる

2

肩を大きく回しながら腕を入れ替える

ワキの下を伸ばしながら肩を大きく回す

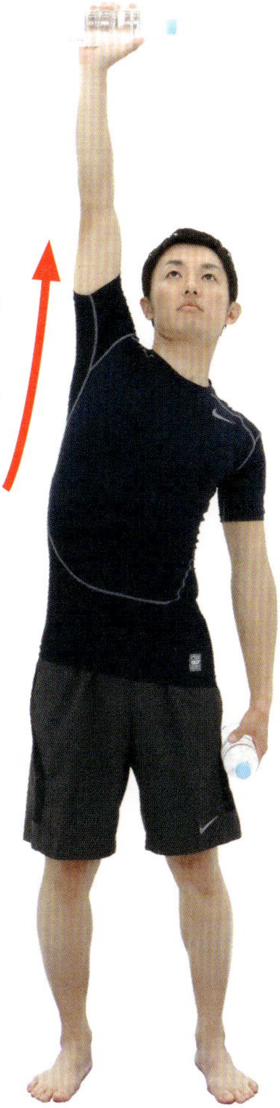

意識はココに

ワキの下が伸びて肩甲骨が上がる感覚を感じよう。

ワキの下が伸びている

ワキの下が伸びれば自然に腕も高く上がるのでトレーニング効果が期待できる。

ワキの下が伸びていない

ワキの下を伸ばして腕を高く上げないと肩甲骨が引き上がらず効果は薄い。

DVD 2-6
肩関節トレーニング⑥
背中

パドル

タオルを引き背中のインナーマッスルを鍛える

トレーニングの目安
10回

1 両足に掛けたタオルを両手でかるく持つ

土踏まずにタオルを引っ掛け力を入れずにつかむ

最初は肩甲骨を
寄せていない

ココに効く!

肩甲骨が動きフォームに躍動感が増し力強くなる

ボートのパドルのようにタオルを引く動作を繰り返す。腕ではなく肩甲骨で引くことで肩甲骨周りの筋肉が鍛えられる。これによって、陸上の腕振り運動やゴルフのテイクバックなど**腕を後ろに回す動作が安定してフォームに躍動感も増す**。

菱形筋や僧帽筋を鍛えて肩甲骨が動くようになれば腕をしっかりと後ろに引き上げることができる

2 肩甲骨を寄せながら タオルを引っ張る

肩には力を入れずに肩甲骨を寄せる

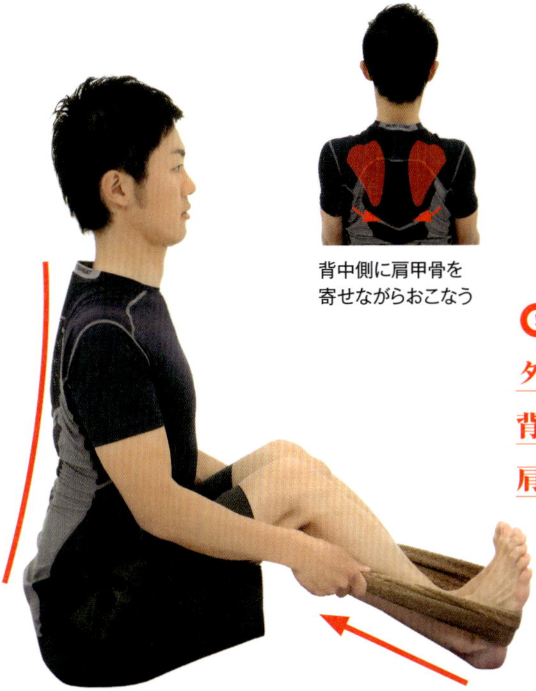

背中側に肩甲骨を
寄せながらおこなう

意識はココに

タオルを引くたびに
背中側に寄る
肩甲骨の動きを感じよう。

OK

背すじが伸びてる

背すじが伸びると肩甲骨を寄せやすいので菱形筋などへの効果が高い

NG

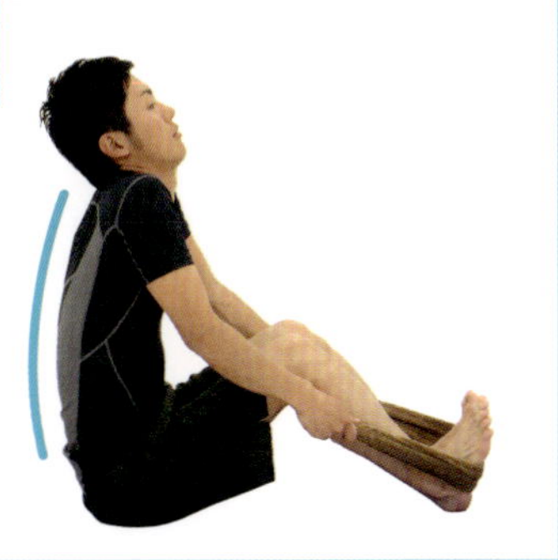

猫背になっている

猫背になり肩に力が入ると肩甲骨を寄せる菱形筋などへの効果が薄くなる

コラム

03

Column

筋肉には白色をした速《そっ》筋《きん》線《せん》維《い》と、赤色をした遅《ち》筋《きん》線《せん》維《い》がある

焼き肉をするときに、そのお肉を注意深く見てみると、お肉の色がそれぞれ違うことに気がつきます。赤みがかっていたり、白色に近かったり、その中間であったり。

人間の筋肉もこれと同じです。赤色や白色、桃色など十人十色です。同じ部位の筋肉でも、人によって赤みが強かったり、白っぽかったりするのです。白色の筋肉は「速筋線維」と呼ばれ、大きなパワーを発揮する瞬発力があり、赤色の筋肉は「遅筋線維」と呼ばれ、力を長時間発揮し続けられる持久力があるということがわかっています。

つまり、たとえば大腿四頭筋の筋肉を見て、赤みが強い人は持久力があるので長距離向き、白っぽい人は瞬発力があるから短距離向きということが理論上は可能なのです。実際にオリンピッククラスの選手では、短距離系の人は速筋線維が多く、長距離系の人は遅筋線維が多いというデータも出ているそうです。

PART 3

股関節の可動域を広げるストレッチ

この章では股関節の可動域を広げるストレッチを紹介する。スポーツをするうえで硬い股関節は疲労の原因にもなりケガの元なので、毎日おこない柔軟な股関節を保てるように心がけよう。

はじめる前にやってみよう!

股関節の柔軟性チェック

ストレッチをはじめる前に、股関節の可動域に関わる太もも内側と外側の柔軟性をチェックしてみよう。

CHECK 1 股《こ》関節《かんせつ》内転《ないてん》筋群《きんぐん》の柔軟性

仰向けで片ヒザを立て床にどこまで近づけられるか?

やり方

1 仰向けに寝て片ヒザを立てる

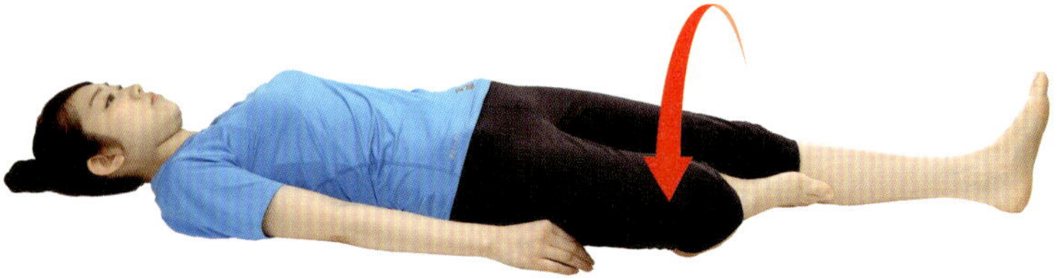

2 立てたヒザを横に倒していく

結果

70度開く

70度未満

70度未満の人は内ももの股関節内転筋群が硬い可能性がある。このような人は疲労が溜まりやすくケガのリスクも高まるので、しっかりと股関節のストレッチをおこなおう。70度以上開けた人もさらに柔軟になるようにストレッチをしよう。

CHECK 2 大腿筋膜張筋《だいたいきんまくちょうきん》の柔軟性

床からヒザの距離を10cmに保ったまま上の脚を後ろに引けるか?

やり方

1 ヒザを直角に曲げて半身になる

2 上の脚の高さを保ったまま後ろに引く

結果

10cmを保てる

10cm以上離れる

ヒザが床から10cm以上離れてしまう人は太ももの外側にある大腿筋膜張筋が硬い可能性がある。またテスト①は○で、テスト②が×の人はO脚の傾向にある。10cmを保てた人もストレッチをしてさらなる柔軟性を身につけよう。

この章のストレッチをまとめてチェック!

股関節の可動域を広げるストレッチ 早見表

PART3では下半身の筋肉を柔軟にして股関節の可動域を広げたい。ストレッチは骨盤や股関節の動きをイメージしながらおこなおう。

Stretch 1

ワイパー

脚を横に倒して太ももをストレッチ

太もも

大腿筋膜張筋
(だいたいきんまくちょうきん)

大腿四頭筋
(だいたいしとうきん)

左右 10秒ずつ

P68へGO!

Stretch 4

ヤモリ

前脚を曲げ前屈をしてお尻と体側をストレッチ

お尻

大殿筋
(だいでんきん)

中殿筋
(ちゅうでんきん)

ハムストリング

左右 10秒ずつ

P74へGO!

Stretch 2

フラミンゴ

伸ばした脚を左右に揺らし
もも裏をストレッチ

脚の後面

ハムストリング

下腿三頭筋
(かたいさんとうきん)

左右
2往復ずつ

P70へGO!

Stretch 3

カエル

脚を横に開いて
股関節をストレッチ

股関節

股関節内転筋群
(こかんせつないてんきんぐん)

10秒

P72へGO!

Stretch 5

カニ

開脚をして肩を前に入れ
股関節と体幹をストレッチ

股関節・体側

広背筋
(こうはいきん)

股関節内転筋群
(こかんせつないてんきんぐん)

左右交互に
10回

P76へGO!

Stretch 6

ダンゴムシ

脚を開き身体をひねって
股関節と体幹をストレッチ

股関節・体側

広背筋
(こうはいきん)

大殿筋
(だいでんきん)

左右
2セットずつ

P78へGO!

ワイパー

脚を横に倒して太ももをストレッチ

トレーニングの目安
左右
10秒ずつ

1 仰向けになり片ヒザを立て もう片方の脚を乗せる

手のひらは上に向けて全身をリラックスさせる

くるぶしのやや上を
ヒザ上にかける

ココに効く!

太ももが柔軟になり ヒザ痛なども軽減される

ワイパーのようにヒザを曲げた脚を横に倒すことで太ももを中心にストレッチされ、**脚の運びがスムーズになる**。歩行時のブレを防ぐ大腿筋膜張筋と地面を踏み込む大腿四頭筋はコリ固まりやすく、ヒザ痛など問題を抱えがちなので、しっかりストレッチしておこう。

ZÁTOPEK:10
Trengove
athsvic.org.au
大腿筋膜張筋
(だいたいきんまくちょうきん)
大腿四頭筋
(だいたいしとうきん)
Victoria
www.athsvic.org.au

長距離ランナーは太もも横にある大腿筋膜張筋が必要以上に硬くなりやすいので注意しよう

2 立てたヒザを横に倒して乗せた脚で押さえつける

上半身は床につけたまま脚を横に倒す

乗せた脚でヒザを
押さえつける

意識はココに

ヒザを押さえるほどに
腰から太もも横が
伸びるのを感じよう。

腰が床についている

脚を倒したときにできるだけ腰は床につけておくことでストレッチ効果が上がる

腰が浮いている

腰が完全に床から離れてしまうと太ももへのストレッチ効果は薄れてしまう

フラミンゴ

伸ばした脚を左右に揺らしもも裏をストレッチ

1 片方の脚をまっすぐ上げ つま先にかけたタオルを引っ張る

真上に伸ばすだけでも太もも裏がストレッチされる

トレーニングの目安

左右
2往復ずつ

スタートではまっすぐ上に向かって伸ばす

ココに効く!

太ももを上げやすくなり歩幅も広がる

フラミンゴのようにまっすぐ伸ばした脚を左右に揺らして、ハムストリングとふくらはぎをストレッチすることで**太ももが上がりやすくなる**。脚の後面の筋肉は肉離れなど筋肉系のケガを起こしやすいので、ダッシュを繰り返す競技ではしっかりストレッチしておこう。

脚の後面の筋肉はダッシュ時などに大きく働く

2 伸ばした脚をゆっくり左右に揺らす

左右に揺らせば太もも裏から側面までストレッチされる

意識はココに

つま先側にタオルをかけ
もも裏全体の伸びを感じよう。

ヒザが伸びている

太もも裏をターゲットとするのならヒザをしっかりと伸ばす必要がある

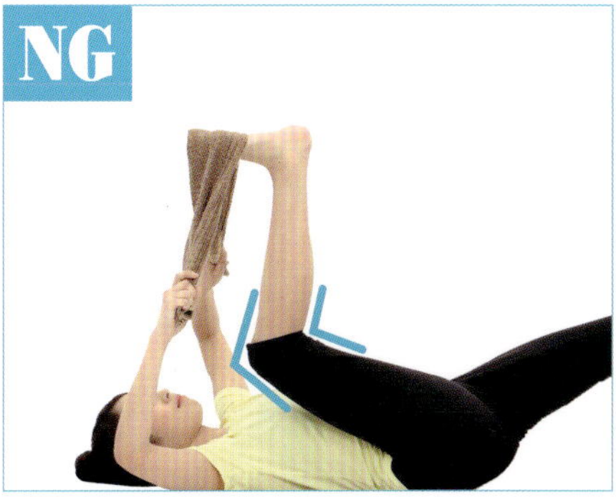

ヒザが曲がっている

ヒザを曲げると太もも裏ではなくお尻のストレッチになってしまう

カエル

脚を横に開いて股関節をストレッチ

トレーニングの目安
10秒

1 ヒザと足先を外側に開き四つんばいになる

両腕はヒジから先を床にベッタリとつける

ヒザと足首は90°に曲げる

ココに効く！

内ももが柔軟になり脚を大きく開けるようになる

カエルのように**脚を大きく開けるようになる**。ケガ予防の観点から見れば、股関節内転筋群の柔軟性はあらゆるスポーツで必須なもの。技術面から見れば、ピッチング動作のように、軸足に体重を残しながら前脚を大きくステップする**体重移動をスムーズにさせる**。

股関節内転筋群
（こかんせつないてんきんぐん）
股関節が硬いと運動後の疲労も抜けづらいのでアスリートであれば柔軟にしておきたい

2 ゆっくりとお尻を落としていく

お尻に体重をかけて、できる範囲で下に落としていく

ゆっくりと息を吐きながらおこなう

意識はココに

体重をかけて
ゆっくりとお尻を落とし
内ももの伸びを感じよう。

ヒザが直角になっている

ヒザを直角に曲げることでストレッチ効果が高まる

ヒザの角度が浅い

ヒザが伸びるとお尻を落としても股関節が伸びない

DVD 3-4
股関節ストレッチ④
お尻

ヤモリ

前脚を曲げ前屈をしてお尻と体側をストレッチ

トレーニングの
目安
左右
10秒ずつ

1 前脚のヒザを90°に曲げ両脚を前後に開く

前脚のヒザを90°にすることでストレッチ効果が増す

後ろ脚は後ろに
まっすぐ伸ばす

ココに効く！

脚の引き上げや体重移動がスムーズになる

ヤモリのように地面に伏せて上体を横にスライド。曲げた脚の大殿筋や中殿筋、ハムストリングがストレッチされる。これらの筋肉が柔軟になれば**脚の引き上げや体重移動がスムーズになる**。また上体をスライドさせることで腹斜筋や広背筋もストレッチさせる。

大殿筋
（だいでんきん）
中殿筋
（ちゅうでんきん）
ハムストリング
ダッシュ力を生む大殿筋や身体の軸を支える中殿筋は走るスポーツでは必須

2 上体を前に倒して両腕を前に伸ばす

息を吐きながら上体をゆっくり倒す

3 曲げたヒザの方向へ上体をスライド

倒した身体をそのまま横にスライドさせる

意識はココに

上体をねじって
もも裏から体側までの
広範囲な伸びを感じよう。

前脚のヒザが 90°

ヒザの角度を90°にすることで前脚のもも裏からお尻がストレッチされる

前脚のヒザの角度が浅い

これでもストレッチされないことはないが効果はやや薄くなる

カニ

開脚をして肩を前に入れ股関節と体幹をストレッチ

トレーニングの目安
左右交互に10回

1 つま先を外に向け ヒザに手を置き脚を開く

両脚を大きく開き、ヒザを曲げて重心を下げる

顔を上げて
背すじを伸ばす

ココに効く!

下半身と体幹が連動され 身体をひねる可動域も広がる

カニのように脚を横に開いて重心を下げる。股関節内転筋群がストレッチされるので**開脚ができる**ようになり、同時に身体をひねることで広背筋もストレッチされるので**腰を回す動作がスムーズになる**。全身を動かす多くの競技でおこなってほしいストレッチ。

広背筋
（こうはいきん）
股関節内転筋群
（こかんせつないてんきんぐん）

股関節と体幹の柔軟性はすべてのスポーツで求められる

2 お尻を落としながら交互に肩を入れる

肩を入れることで股関節～背中がストレッチされる

意識はココに

背すじを伸ばして股関節から背中の伸びを感じよう。

背すじが伸びている

広背筋まで効果的に効かせるには背すじを伸ばしておく必要がある

腰が曲がっている

この姿勢では股関節は多少ストレッチされるが広背筋への効果は薄い

ダンゴムシ

脚を開き身体をひねって股関節と体幹をストレッチ

トレーニングの目安

左右
2セットずつ

1 前後に脚を開き片方のヒジを床につける

前脚のヒザと同じ方のヒジを床につける

床についたヒジも
90°に曲げる

ココに効く!

全身を大きくスムーズに動かせるようになる

ダンゴムシのように丸まった姿勢から腕を上げて胸を開く。前脚のハムストリングから大殿筋、ひねった体側から背中まで広範囲にストレッチされる。下半身で踏ん張り体幹をひねって腕を伸ばすという**全身のつながりが意識され、連動性が高まる**。

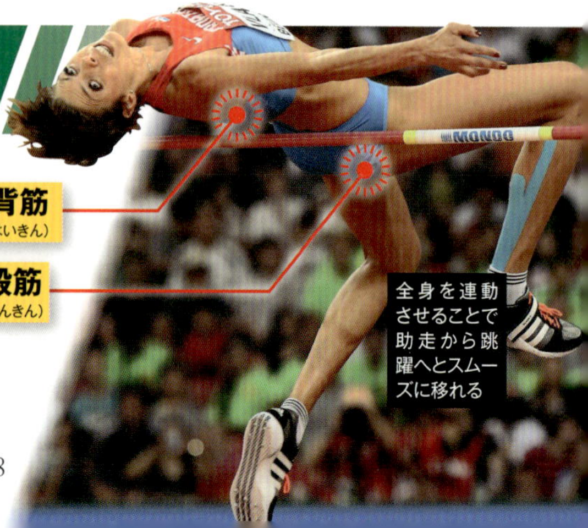
広背筋
(こうはいきん)
大殿筋
(だいでんきん)
全身を連動させることで助走から跳躍へとスムーズに移れる

2 ヒジをついていた腕を上げて胸を開く

胸を大きく開き目線を指先に向ける

3 腕を戻して今度は反対側の腕を上げる

同様に胸を開いて目線を指先に向ける

意識はココに

下半身から指先への連動性を意識しよう。

目線が指先

目線を指先に向けることで広背筋へのストレッチ効果が高まる

目線が床

手は上がっているが目線が下にあるため広背筋へのストレッチ効果は薄い

コラム

04

肩こりや腰痛の箇所がいつも同じなのは身体のクセが原因

たとえば、いつも左腰に張りを感じる人がいるとします。つらいときはマッサージ店で硬い箇所をほぐしてもらいます。ラクになり、身体のためにとジョギングをはじめたら、いつの間にかまた同じ左側が張ってきます。そして硬い箇所をほぐしてもらいにマッサージ店へ…。

こういった経験をしている人はとても多いようです。この方の場合ですと、左腰が張るということは血行が悪く筋肉が硬くなっていると考えられますが、右腰が弱く本来の働きをしていないことも考えられます。

痛みの箇所だけでなく、骨盤の傾き、脚の左右の開き具合、肩の高さの違いなど、全体のバランスを整えることが大切です。そのためには、身体のどこが硬く、どこが弱いのか、左右の筋力差はどのくらいあるのかなど、自分の身体を知ったうえで、それを解消するためのストレッチやトレーニングを正しくおこなうことが、痛みや故障の少ない身体づくりの近道になります。

PART 4

股関節を安定させるトレーニング

この章では主に骨盤周りの筋肉を鍛えて、股関節と骨盤を安定させる。太ももやお尻などの大きな筋肉と、股関節周囲にある小さなインナーマッスルを中心にバランスよく鍛えよう。

はじめる前にやってみよう！

股関節の安定性チェック

トレーニングをはじめる前に股関節の安定性をチェック。反復できる回数からその強度を判断する。

CHECK 1　深層外旋六筋《しんそうがいせんろくきん》の強度

骨盤の水平を保ったまま何回脚を外回しできるか？

やり方

1　骨盤の水平を保って四つん這いになり片方の脚を上げて外回し

結果

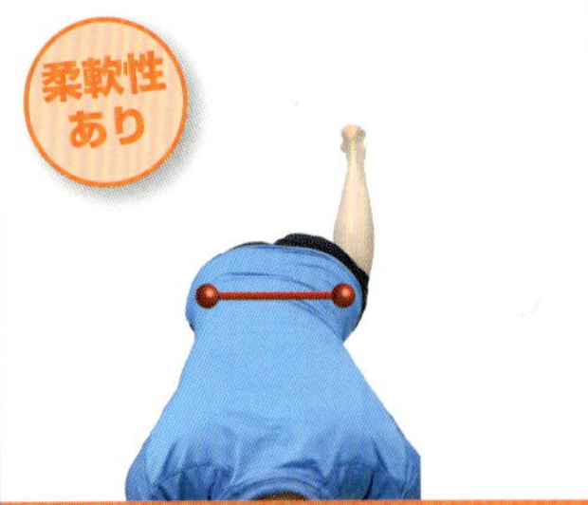

30回以上

30回未満（骨盤が傾く）

深層外旋六筋とは梨状筋《りじょうきん》、上双子筋《じょうそうしきん》、下双子筋《かそうしきん》、外閉鎖筋《がいへいさきん》、内閉鎖筋《ないへいさきん》、大腿方形《だいたいほうけい》筋《きん》の総称。すべて股関節周囲にあり、その安定性を担っている。30回未満の人はもう少しこれらの筋肉を鍛えたいが、できた人も現状に満足せずトレーニングしよう。

CHECK 2 腸腰筋《ちょうようきん》の強度

背すじを伸ばして浅く座りボールを何回きれいに回せるか?

やり方

1 椅子に浅く腰をかけ
ボールを回して円を描く

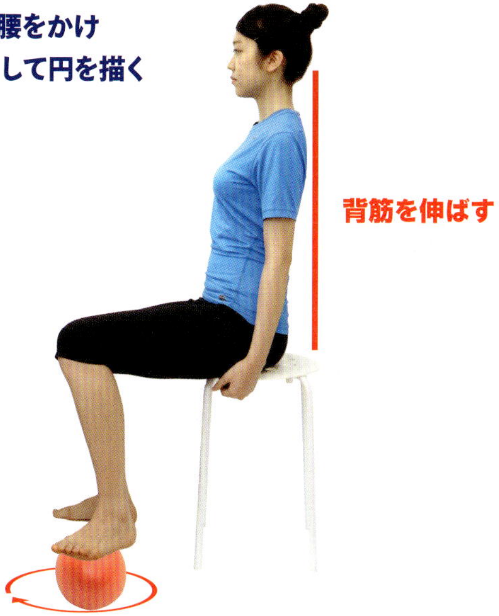
背筋を伸ばす

結果

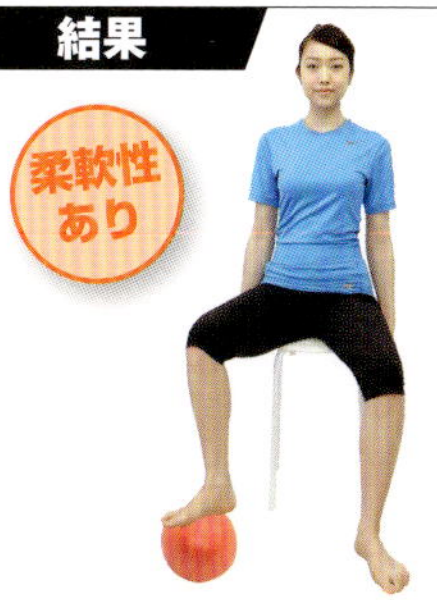
柔軟性
あり

20回以上

柔軟性
なし

20回未満(ボールが離れる)

腸腰筋とは大腰筋《だいようきん》と腸骨筋《ちょうこつきん》の総称。背骨と大腿骨をつなぎ脚を引き上げる動作を担う。20回未満の人はこの筋肉が十分でない可能性がある。姿勢維持や速く走るために欠かせない筋肉なので、20回以上できた人もおごることなくしっかりとトレーニングしよう。

この章のストレッチをまとめてチェック！

股関節を安定させるトレーニング 早見表

PART4では骨盤や股関節周りの筋肉を鍛えて股関節を安定させたい。下半身の深層筋をイメージしながらトレーニングしよう。

Training 1

ハサミ

脚を開き股関節の
インナーマッスルを鍛える

股関節

腸腰筋（ちょうようきん）　股関節内転筋群（こかんせつないてんきんぐん）

左右
10回ずつ

P86へGO!

Training 4

UFOキャッチャー

ペットボトルをはさみ
脚全体をバランスよく鍛える

脚の後面

下腿三頭筋（かたいさんとうきん）　ハムストリング

10回

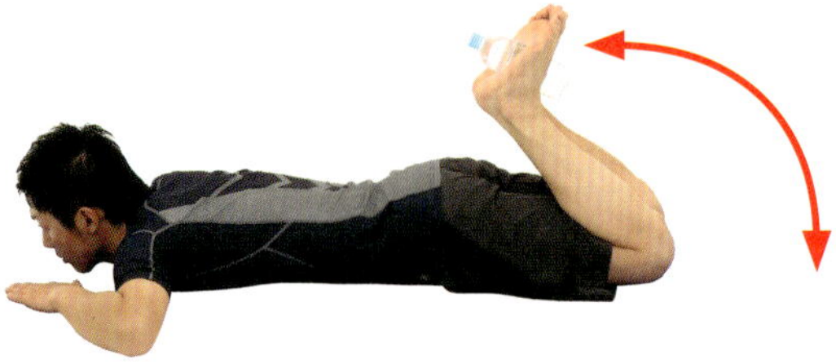

P92へGO!

Training 2

スクリュー

脚を回して股関節のインナーマッスルを鍛える

股関節

腸腰筋（ちょうようきん）

股関節内転筋群（こかんせつないてんきんぐん）

前回し5回
後回し5回
×
左右1セット

P88へGO!

Training 3

ラッコ

ボールをはさみ内ももに刺激を入れる

太もも

股関節内転筋群（こかんせつないてんきんぐん）

大腿四頭筋（だいたいしとうきん）

5回 ➡ 5秒キープ

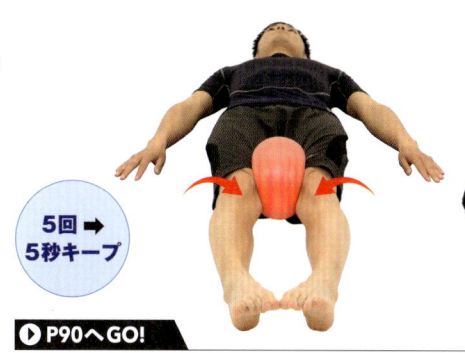

P90へGO!

Training 5

ドリル

タオルを引っ張り太ももの後ろを鍛える

脚の後面

ハムストリング

下腿三頭筋（かたいさんとうきん）

左右10回ずつ

P94へGO!

Training 6

ミーアキャット

身体を大きく動かし下半身の筋力と柔軟性を養う

全身

腹筋（ふっきん）

脚全域（あしぜんいき）

10回

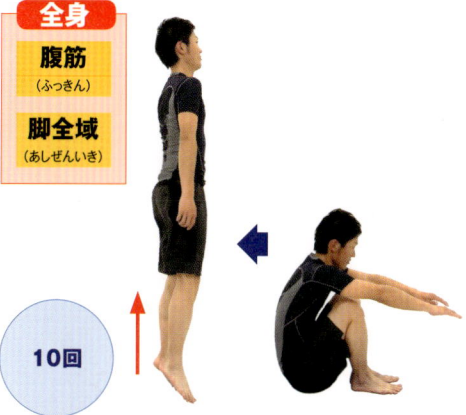

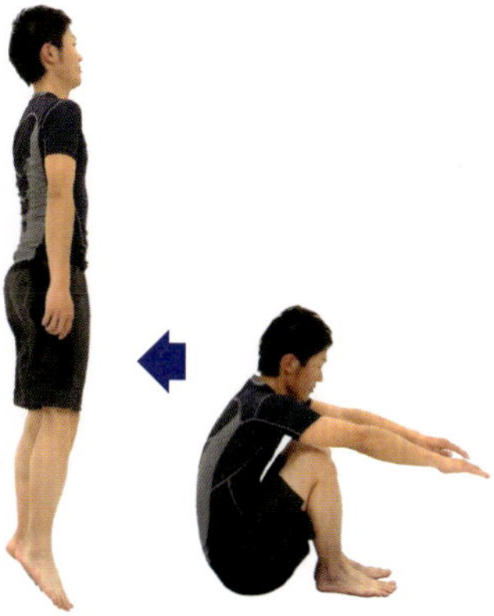

P96へGO!

ハサミ

脚を開き股関節のインナーマッスルを鍛える

1 半身になり上の手の平を床につける

下の腕は頭の下に入れて腕枕にする

トレーニングの目安

左右 **10** 回ずつ

身体が開かないように
骨盤を垂直にして脚もそろえる

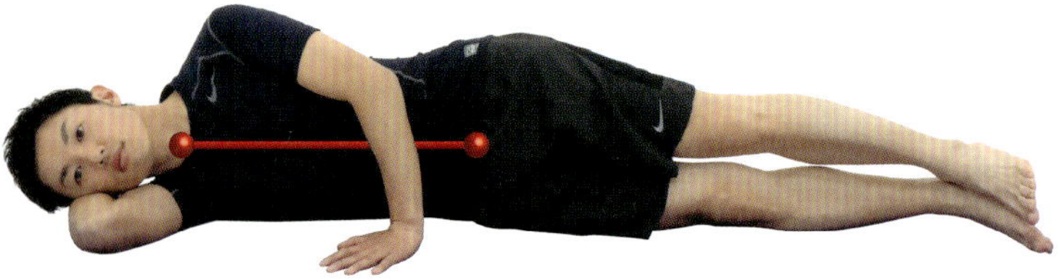

ココに効く!

股関節が安定して踏み出す1歩が強くなる

股関節を安定させるインナーマッスルに幅広く刺激が入るが、とくに脚を引き上げる腸腰筋や股関節内転筋群に効く。反動をつけると太ももなど大きな筋肉を使ってしまうので、脚のつけ根に意識を置きゆっくり動かそう。**股関節が安定すれば踏み込みが力強くなる。**

腸腰筋
(ちょうようきん)
股関節内転筋群
(こかんせつないてんきんぐん)
股関節ともものの骨(大腿骨)をつなぐ腸腰筋や股関節内転筋群は下半身安定に欠かせない筋肉

2 上の脚をまっすぐに上げ下げする

脚は下ろしきらずに身体が開かないように意識しておこなう

意識はココに

身体のブレを抑えて
脚のつけ根が
熱くなるのを感じよう。

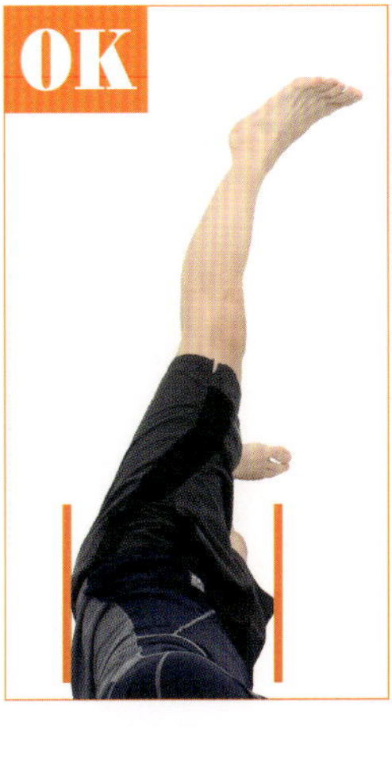

身体が開いていない

骨盤を地面から垂直に立たせることで、身体が開かず脚も真上に上がる

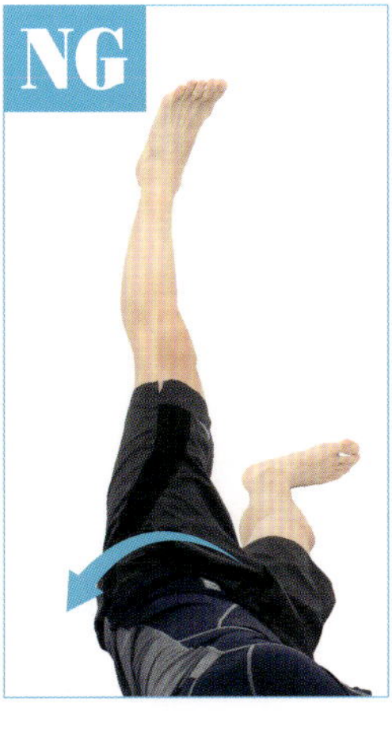

身体が開いている

体幹が弱いと身体が開いてしまい、おへソが上を向き腸腰筋への効果が薄れる

スクリュー

脚を回して股関節のインナーマッスルを鍛える

トレーニングの目安

前回し5回
後回し5回
×
左右1セット

1 横向きで寝て上の脚を5回前に回す

上の手で床を押さえて身体のブレを防ぐ

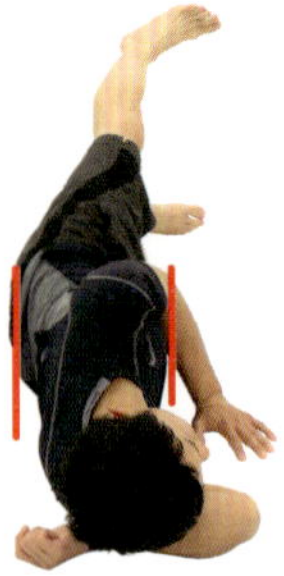

骨盤を垂直にして
身体が開かないようにする

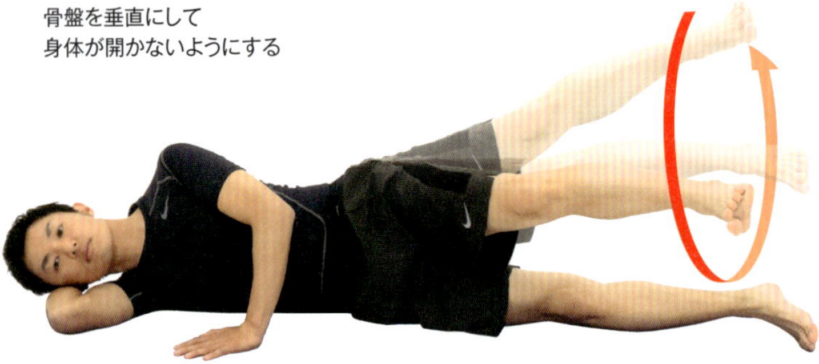

ココに効く！

骨盤と脚の骨のつながりが向上し脚がスムーズに動く

「ハサミ」（➡P86）の強度を上げたトレーニング。股関節周りに効かせるのは同じだが、脚を回す分バランスよく効果がある。これにより**股関節と太ももの骨のつながりが向上し**、走る、跳ぶ、などの動作の**安定感とパワーが増す**。

腸腰筋
（ちょうようきん）
股関節内転筋群
（こかんせつないてんきんぐん）
股関節内転筋群や腸腰筋は太ももと骨盤をつないでおり股関節の安定性向上には欠かせない

2 上の脚を少し後ろに引き 5回後ろに回す

脚を少し後ろにすることで太ももが伸びる

意識はココに

脚のつけ根の奥に刺激が入っていることを感じよう。

脚を少し後ろに
引いてスタート

OK

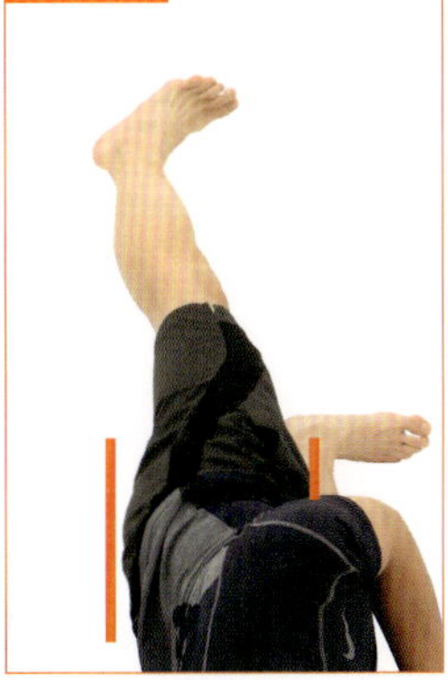

体幹に力が入っている

腹筋と背筋で骨盤を前後から支えているので、脚を後ろにしても身体が開かない

NG

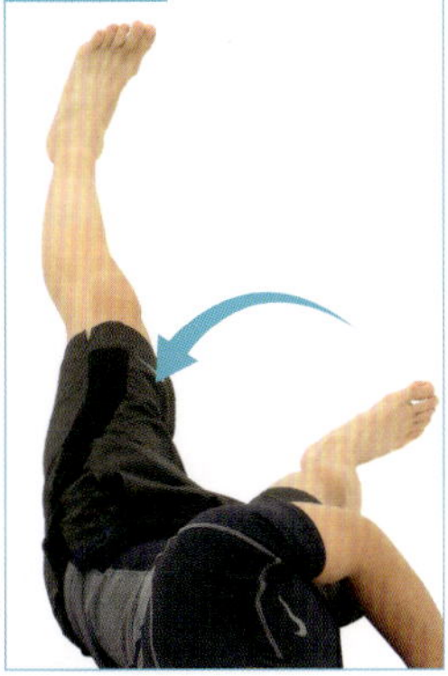

体幹が弱く支えれない

体幹に力を入れて骨盤を安定させられないと、脚に引っ張られ身体が開いてしまう

ラッコ

ボールをはさみ内ももに刺激を入れる

トレーニングの
目安
5回 ➡
5秒キープ

1 仰向けになり内ももにボールをはさむ

上半身はリラックスして両手は床につける

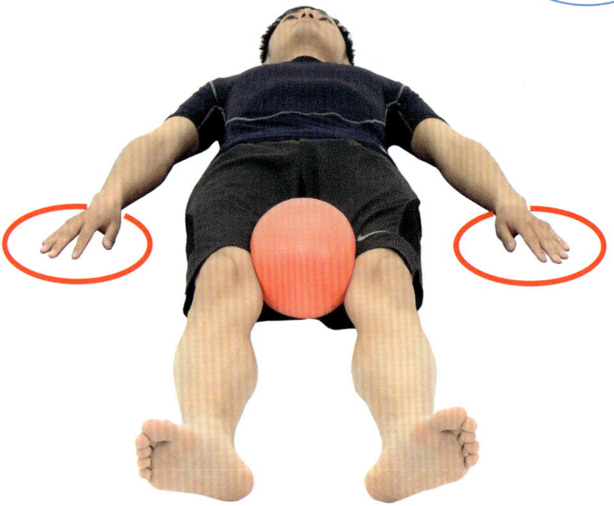

ココに効く！

親指に体重を乗せる感覚がつかめ身体の軸が安定する

水泳選手にはぜひやってほしいトレーニングで、親指が外に開かないようにクセがつけられ、バタ足の正しいフォーム作りになる。陸上ではヒザを開かずに**拇指球に体重を乗せて踏ん張れるようになり**、対人プレーが強くなる。

股関節内転筋群
（こかんせつないてんきんぐん）
大腿四頭筋
（だいたいしとうきん）
股関節内転筋群に力が入れば脚が開かないのでバタ足の効率が上がる

2 内ももで５回ボールを潰し 最後は潰したまま５秒キープ

両方の親指が触れるぐらい足先まで伸ばす

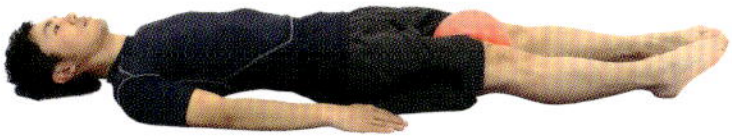

ヒザを内側に入れるようにして
ボールをはさむ

意識はココに

お腹と内ももに力を入れ
太もものつけ根から
内側に内旋させるイメージ。

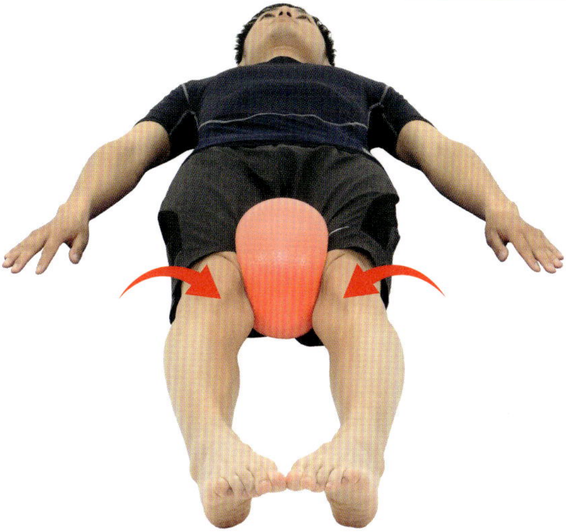

脚が内旋している

ヒザを内側に向けながらボールを潰すと内転筋群に効果的に刺激が入る

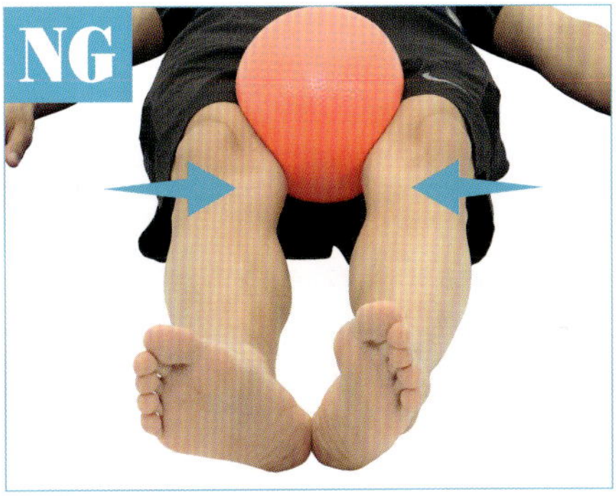

脚が内旋していない

ヒザが外を向いたままボールを潰しても内転筋群への効果は薄い

UFOキャッチャー

ペットボトルをはさみ脚全体をバランスよく鍛える

トレーニングの目安

10回

1 うつ伏せになり ペットボトルをはさむ

両ヒジは曲げて手のひらで床を押す

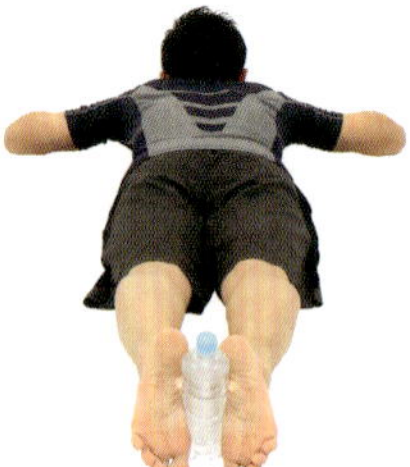

足の土踏まずあたりでペットボトルをはさむ

ココに効く!

大きな筋肉だけに頼らず 脚全体を使う感覚が養える

UFOキャッチャーのように水の入ったペットボトルを落とさずに上げ下げする。脚の後面を中心に広範囲に刺激が入るので、ひとつの大きな筋肉に頼らずに脚全体を使う感覚が身につく。サーフィンのようにバランス感覚が向上し、負担も分散されケガ予防になる。

下腿三頭筋
（かたいさんとうきん）
ハムストリング
脚の後面にある筋肉は負担がかかりやすく肉離れなどのケガが多い

2 ペットボトルを落とさずに 10回ヒザを曲げ伸ばし

土踏まずあたりでペットボトルをはさんでヒザを曲げ伸ばす

脚はまっすぐに上げ下げすること

意識はココに

脚全体の筋肉をつなげて使うイメージを持とう。

脚がまっすぐ上がる

左右の脚の筋肉を均一に使い脚をまっすぐ上げ下げするとバランスよく刺激が入る

脚が斜めに上がる

脚が斜めになるということは左右の筋肉をバランスよく使えていない証拠

DVD 4-5

股関節
トレーニング⑤

脚の後面

ドリル

タオルを引っ張り太ももの後ろを鍛える

1 片脚の土踏まずにタオルを掛け手前に引っ張りヒザを曲げる

タオルを張りながらもヒザが胸に近づくまで曲げる

トレーニングの目安

左右 10回ずつ

ヒザをまっすぐに引き寄せる

ココに効く!

地面を強く踏み込むなどダッシュや跳躍系の動作安定

太ももの筋肉の役割を簡潔にいえば、前側は「ストップの筋肉」、後ろ側は「スタートの筋肉」。ドリルのように脚を伸ばせば後ろ側に効果的に刺激が入るので、陸上競技のように**地面を踏み込んで蹴り出すといった動作が力強くおこなえる**ようになる。

ハムストリング
下腿三頭筋
(かたいさんとうきん)
地面を蹴り上げる動作ではハムストリングや下腿三頭筋が大きく働く

2 タオルを引っ張りながら脚をまっすぐ伸ばす

足裏を天井に向けるようにまっすぐ伸ばす

脚を伸ばしながら
タオルを引く

意識はココに

タオルを引っ張り
太もものつけ根から
伸ばすイメージ。

タオルが張っている

タオルを引っ張ることで脚にちょうどよい負荷を与えることができる

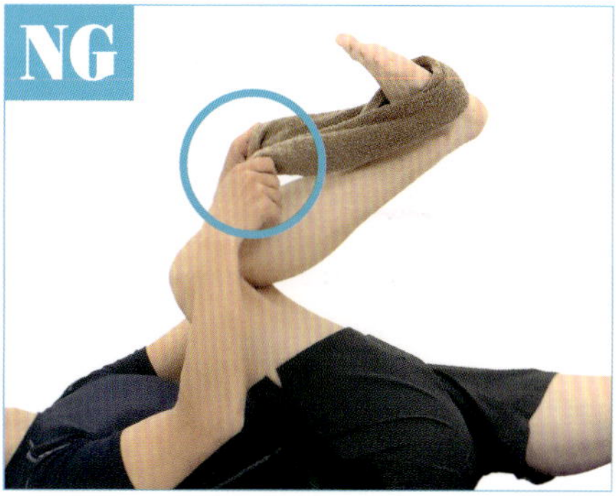

タオルがたるんでいる

タオルがたるんでしまうと脚に負荷がかからずトレーニングにならない

DVD 4-6
股関節
トレーニング⑥
全身

ミーアキャット

身体を大きく動かし下半身の筋力と柔軟性を養う

1 直立の姿勢からお尻をつく

勢いをつけて後ろ向きに転がる

トレーニングの目安
10回

ココに効く！

脚全体の筋力アップと体幹と脚の連動性が向上

ミーアキャットのように体幹をブラさずにすばやく起き上がる。手を床につけないので下半身の筋力と柔軟性が求められる。また身体の軸を保ちながらまっすぐに引き上げることで**下半身と体幹の連動性が強化される**。

脚と腹の全域に刺激が入りバランス力も磨かれるのでウインタースポーツにも効果あり

2 脚を上げてから反動で戻りジャンプ!

手は床につけず背中をつき脚をあげた反動で戻りジャンプ

意識はココに

太ももで踏ん張り
まっすぐに起き上がる。

ヒザが閉じている

ヒザを閉じたまま起き上がるには太ももの筋力と柔軟性の両方が必要になる

ヒザが開いている

太ももの柔軟性がないと起き上がる時にヒザが開いてしまいトレーニング効果が薄れる

Column

コラム

05

サウナスーツによる発汗では脂肪燃焼効果は期待できない

真夏に汗をダラダラたらしながらサウナスーツを着てマラソンをしている人をたまに見かけますが、ダイエット目的でそれをしているとしたら、熱中症のリスクも高まりますし賢明とはいえません。

なぜなら、汗の量とダイエット効果は必ずしも比例しないからです。もちろん、身体から水分が失われるので一時的に体重は落ちます。サウナスーツを着て走るボクサーは、計量のときに合わせて体内からできるだけ水分を減らし減量しているのです。しかし一般の方であれば、家に戻り乾いた喉を潤すために飲み物を口にすることでしょう。すると一時的に落ちた体重も戻ってしまいます。もちろん、マラソン自体はダイエットに効果的ですし、心肺機能や運動パフォーマンスの向上も期待できます。したがってマラソン時は動きやすいウェアで、汗をかくことではなく、できるだけ長く走ることを目標にしてみるとよいでしょう。

PART 5

動作別
関節＆体幹トレーニング

この章は「振る」、「蹴る」、「跳ぶ」、「走る」という動作別にわけられている。体幹部を安定させながら腕や脚を動かすことで連動性が高まるので、身体の軸を意識してトレーニングしよう。

振る

動きに対して関節力が与えるメリット

野球やゴルフやテニスなど多くのスポーツで必要とされる腕を振る動作に対して、関節可動域がどのような影響を与えているのか解説する。

メリット①

ブレない股関節や骨盤がテイクバック安定させる

▸▸▸ テイクバックを安定させる主な筋肉

大腿《だいたい》四《し》頭筋《とうきん》　大殿筋《だいでんきん》　ハムストリング

股関節が安定すると軸脚に体重を乗せた姿勢で身体がブレず頭の高さも一定に保てるため、テイクバックが安定して大きく取れる。

さらにテイクバックからステップでは、軸脚の内転筋群や大腿四頭筋で踏ん張ることで、軸脚に重心を残したまま体重移動ができるようになる。この体重移動によって下半身主導のスイングができると体幹が大きくねじられ、その体幹を戻すことで腕がムチのようにしなり加速する。

メリット ②

肩関節が柔軟になればスイングが加速する

▸▸▸ 腕の振りに働く主な筋肉

腹斜筋《ふくしゃきん》 大胸筋《だいきょうきん》 広背筋《こうはいきん》

メリット ③

パワーを増幅させるような体重移動ができる

▸▸▸ 体重移動で働く主な筋肉

股関節内転筋群《こかんせつないてんきんぐん》 大腿四頭筋《だいたいしとうきん》

メリーゴーラウンド

ドローインをしながらボールを回し全身を鍛える

トレーニングの目安
左右 5 回転ずつ

1 うつ伏せでお腹に力を入れ ボールを持ち両脚を少し浮かせる

お腹とお尻に力を入れて姿勢をキープ

身体の軸をまっすぐに

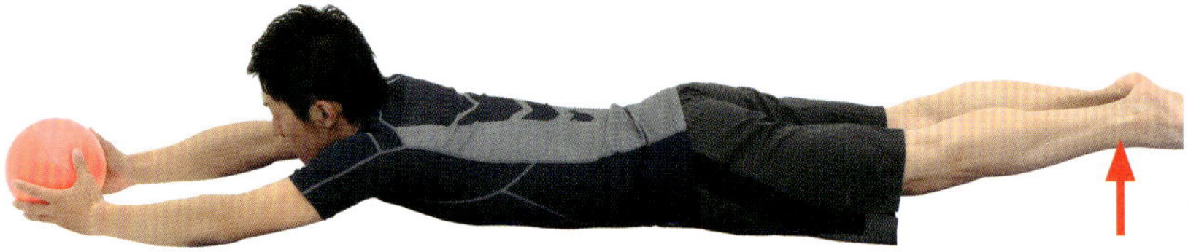

【ドローイン】腹横筋に力を入れてお腹を凹ませ腹圧を高めた状態にすること

ココに効く！

腕と体幹が連動して スイングスピードが上がる

メリーゴーラウンドのように背面でボールを回す。背骨を安定させる多裂筋や骨盤を安定させる腹横筋が鍛えられる。体幹を安定させながら腕を動かし連動性を高め、**腕だけに頼らず体幹を使う感覚**を身につける。**肩関節への負担が軽減できスイングスピードも向上する。**

多裂筋
（たれつきん）
腹横筋
（ふくおうきん）
大殿筋
（だいでんきん）

背骨や骨盤の安定させる多裂筋や腹横筋は体幹強化に欠かせないインナーマッスルの代表格

2 両腕も浮かせて ボールを左右5回転ずつ回す

頭からお尻まで片手で半回転したらお尻で渡して頭まで回す

意識はココに

お腹と背中、お尻に力を入れて正しい姿勢をキープ。

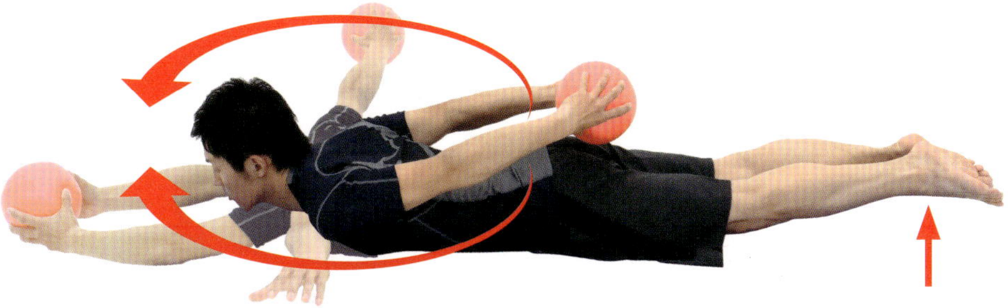

腕が伸びている

腕を伸ばしておくことで身体全体が1本の軸のようになり連動しやすくなる

腕が曲がっている

腕が曲がると身体に軸ができず腕だけのトレーニングになってしまう

DVD
5-2
振るトレーニング②
全身

ボクササイズ

ボクシング動作で体幹の強化と柔軟性を高める

1

両手にペットボトルを持ち ボクサーのように斜《はす》に構える

スタート時は利き腕を後ろにして構える

トレーニングの目安

30秒

ココに効く！

体幹と連動させた四肢を すばやく動かせる

肩甲骨と肋骨をつなぐ前鋸筋は、「ボクサー筋」とも呼ばれ、パンチのように腕をすばやく出す動きに大きく働く。**強くて安定した体幹から四肢をすばやく動かすことができるようになる**ので、あらゆるスポーツでパフォーマンスが上がる。

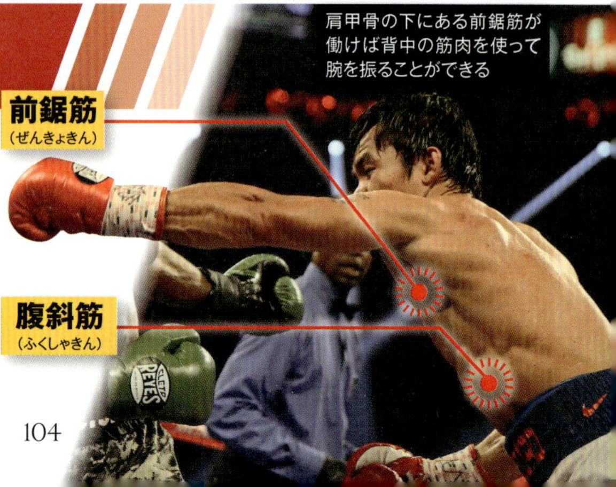

肩甲骨の下にある前鋸筋が働けば背中の筋肉を使って腕を振ることができる
前鋸筋
（ぜんきょきん）
腹斜筋
（ふくしゃきん）

2

左右を入れ替えながらすばやくパンチ&キック

パンチやキックはすばやく引いて元の姿勢に戻る

! 意識はココに

**ワキの下の筋肉で
腕をすばやく
出し入れするイメージ。**

OK

首や肩に力が入っていない

首や肩は脱力させているのでワキの下にある前鋸筋ですばやく腕を動かせる

NG

首や肩が力んでいる

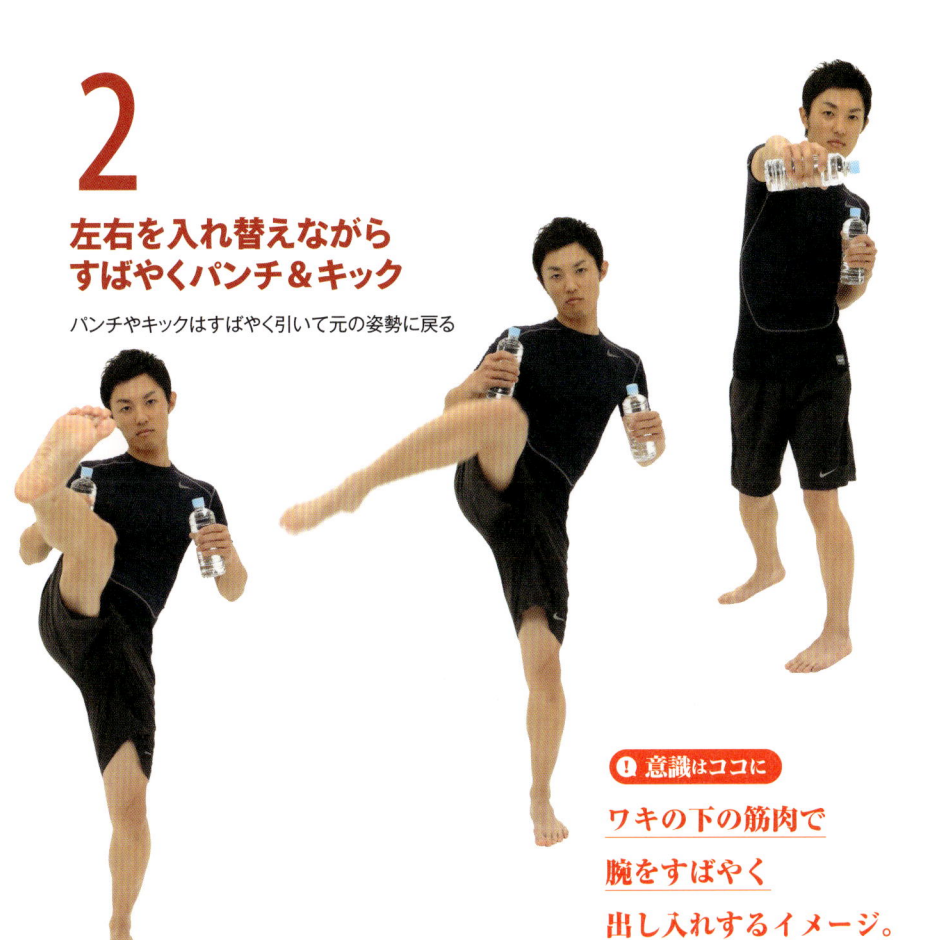

首や肩に力が入ると僧帽筋《そうぼうきん》が力み肩こりになるなど逆効果になってしまうので注意しよう

蹴る

動きに対して関節力が与えるメリット

蹴る動作にも振ると同様に、脚をムチのようにしならせて加速させるスイング動作がある。この動作の質を高めるのは股関節の柔軟性と安定性だ。

軸脚側の大腿四頭筋や大腿筋膜張筋でしっかりと踏ん張ることで股関節が安定し、逆脚を後ろに大きく振り上げることができる。このとき、股関節に安定性と同時に柔軟性もあれば、振り上げる可動域も広がる。

鋭く脚を振り抜くには、伸びた大腿四頭筋や腸腰筋をすばやく縮めてヒザ関節を伸ばしヒザ下の振りを加速させたい。股関節からヒザ関節、最後は足首とムチのように加速していく振りが理想。

メリット①

軸脚でしっかりと踏ん張ることができる

▸▸▸ 軸脚で踏ん張るときに働く主な筋肉

大腿四頭筋《だいたいしとうきん》　大腿筋膜張筋《だいたいきんまくちょうきん》　前脛骨筋《ぜんけいこつきん》

メリット②

身体の軸を保ちながら大きく振り上げられる

››› 脚を後ろに引くときに働く主な筋肉

大殿筋《だいでんきん》 ハムストリング 多《た》裂筋《れつきん》

メリット③

脚をムチのようにしならせヒザ下を鋭く振り抜ける

››› 脚を振り抜くときに働く主な筋肉

大腿《だいたい》四《し》頭筋《とうきん》 腸腰筋《ちょうようきん》

シーソー

片脚を伸ばして体幹と下半身の連動性を高める

1 ヒザの間にボールをはさみ仰向けになる

両腕は上に伸ばしてリラックスさせておく

トレーニングの目安

左右10回ずつ

ココに効く！

テイクバックが安定し脚を強く大きく振れる

片方の脚を伸ばしたり下ろしたりとシーソーのように動かす。腹横筋に力を入れ腹圧を高めたまま脚を上げる。これによって**体幹と下半身の連動性が高まる**ので、サッカーのキックのように**身体の軸を保ちながら脚を動かす動作が向上する**。

腹横筋
（ふくおうきん）
腹斜筋
（ふくしゃきん）

腹横筋や腹斜筋で体幹を安定させながら脚をスイングさせるのが理想

2 お腹の延長線上に片脚を伸ばす

拇指球で踏ん張りお尻とお腹に力を入れて姿勢を維持

意識はココに

身体を下から支えるお尻と太ももに意識を向ける。

身体の軸が保たれている

軸を保ち骨盤を安定させることで体幹への効果が期待できる

身体の軸がブレる

軸がブレると骨盤も傾き体幹への効果が期待できない

マーメイド

下半身の連動性を高めながら体幹を鍛える

トレーニングの目安

左右10回ずつ

1 下の腕を伸ばして半身になりリラックス

片手をついて横になり全身を脱力させておく

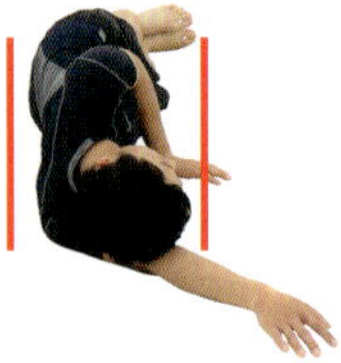

身体は前後に
傾かせない

ココに効く！

当たり負けしない身体になり下半身との連動性も向上

マーメイドのように半身の姿勢から、脚をおヘソの上まで引き上げて足先をタッチする。**体幹強化と全身の連動性が高まる**。腹横筋や腹斜筋を意識して体幹をしっかりと固めながら脚を引き上げることで、球際の対人プレーでも**当たり負けしない強さが身につく**。

腹横筋
(ふくおうきん)
腹斜筋
(ふくしゃきん)

メインはお腹周りの腹横筋と腹斜筋の強化だが全身を連動させる感覚も磨かれる

2 両脚をおヘソの上まで上げて指先でタッチ

手で床を押さえ腹筋に力を入れて脚を上げる

身体が開かないように意識する

意識はココに

脚を引き上げるお腹の筋肉を意識。

上半身が床につく

上体を起こさず腹筋に力を入れて脚を上げること

上半身が起きる

床を押さえた手で上体を起こすと腹筋への効果は半減

跳ぶ

動きに対して関節力が与えるメリット

バスケットボールやバレーボール、陸上競技など多くのスポーツで必要とされる跳躍動作には、下半身の大きな筋肉のパワーと肩関節や股関節の安定性が求められる。

跳躍直前に沈み込むことで下半身にパワーが溜められる。また地面を強く押すことでそこから反力も得られる。そして沈み込みから腕を大きく振り上げることで上体が引っ張られ重心が上がり、さらに跳躍力を高められる。

空中では体幹と肩関節や股関節の安定性がモノをいう。各部位のインナーマッスルが働き安定性が保たれれば、写真のように姿勢をブラさずにシュートが打てるようになる。

メリット①

沈み込んだ姿勢から地面を強く蹴り上げる

›››沈み込むときに働く主な筋肉

ハムストリング　**大殿筋《だいでんきん》**

メリット ②

スムーズな腕の振りが跳躍力を増幅させる

▸▸▸ 腕を振り上げるときに働く主な筋肉

広背筋《こうはいきん》 大胸筋《だいきょうきん》 前鋸筋《ぜんきょきん》

メリット ③

身体の軸が安定するから空中で姿勢がブレない

▸▸▸ 身体の軸を安定させるときに働く主な筋肉

多《た》裂《れつ》筋《きん》 腹横筋《ふくおうきん》 広背筋《こうはいきん》

アザラシ

ドローインをして体幹強化と柔軟性アップを両立

1 半身の姿勢で横になり 骨盤を安定させる

下の腕はまっすぐ伸ばして全身を脱力させる

トレーニングの目安
左右 10回ずつ

ワキ腹は床にピッタリ
つけておく

ココに効く！

強いだけではなく しなやかに動ける

アザラシのように横たわり、お腹周りにだけ力を入れる。**体幹が強化され同時に胸郭の柔軟性も増す**。前を向いて走るだけではなく、身体をすばやくひねって切り返すような横方向への動きも求められるバスケットボールなどの**フットワークが向上する**。

腹横筋や腹斜筋などお腹周りが柔軟であれば身体のねじりもスムーズになる

2 ドローインをして ワキ腹にトンネルをつくる

ドローインをしてお腹を凹ませてワキ腹を床から浮かせる

意識はココに

お腹の奥にある 腹横筋を意識して お腹を凹ませる。

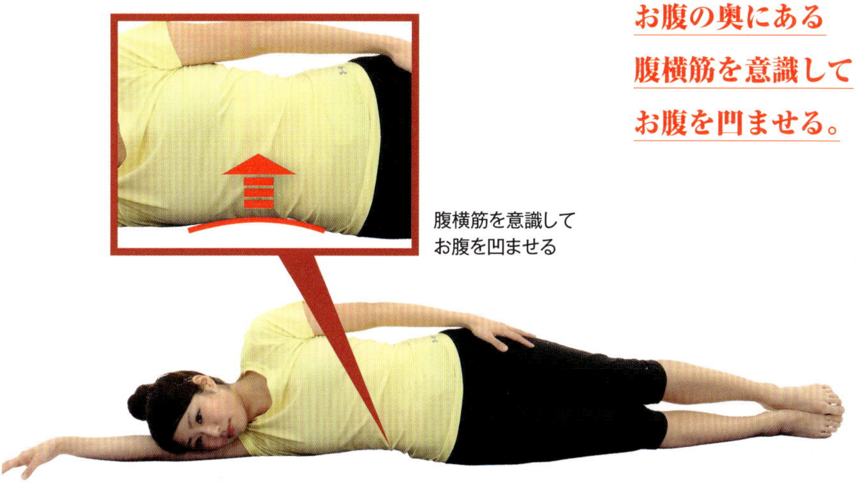

腹横筋を意識して
お腹を凹ませる

骨盤が傾いていない

腹横筋に力を入れて骨盤を安定させる

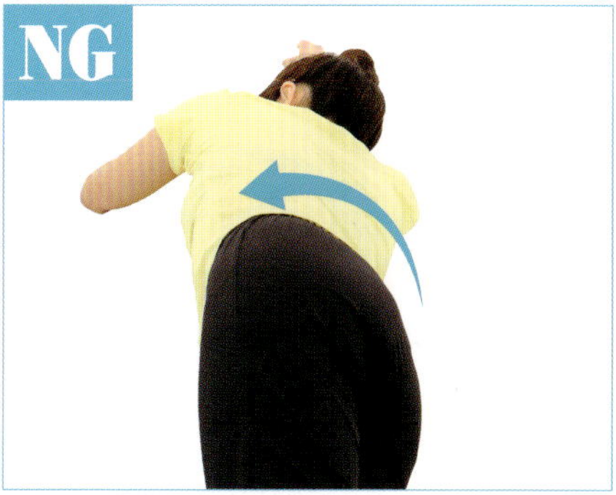

骨盤が傾いてしまう

お腹の前にある腹直筋に力を入れると前傾しやすい

ブリッジ

肩をストレッチしながら体幹全体を鍛える

トレーニングの目安
前後に数歩ずつ
×
3往復

1 両手両足を床につけてお尻を浮かせる

手首を返して指先を脚の方向へ向ける

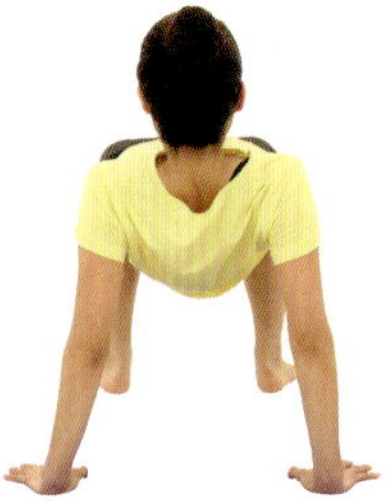

両手は肩幅より
やや広めに開く

ココに効く！

体幹を安定させながら四肢をスムーズに動かす

ブリッジの姿勢から四肢を伸ばし前後に移動する。肩関節がストレッチされながら体幹や大殿筋が強化される。腹横筋と大殿筋が骨盤を安定させるのでフィギュアスケートのジャンプやバスケットのシュートのように**空中での姿勢安定にも効果がある**。

腹横筋
(ふくおうきん)
大殿筋
(だいでんきん)

メインは骨盤を安定させる腹横筋と大殿筋だが胸や肩のストレッチ効果も期待できる

2 数歩ずつ前後に移動する

体幹に力を入れて身体の軸を保つ

意識はココに

体幹を意識してお尻を下げない。

お尻を上げたまま

このトレーニングではお尻を上げて身体の背面の筋肉に刺激を入れることが狙い

お尻が下がってしまう

お尻が下がると身体の背面へのトレーニング効果はなくなってしまう

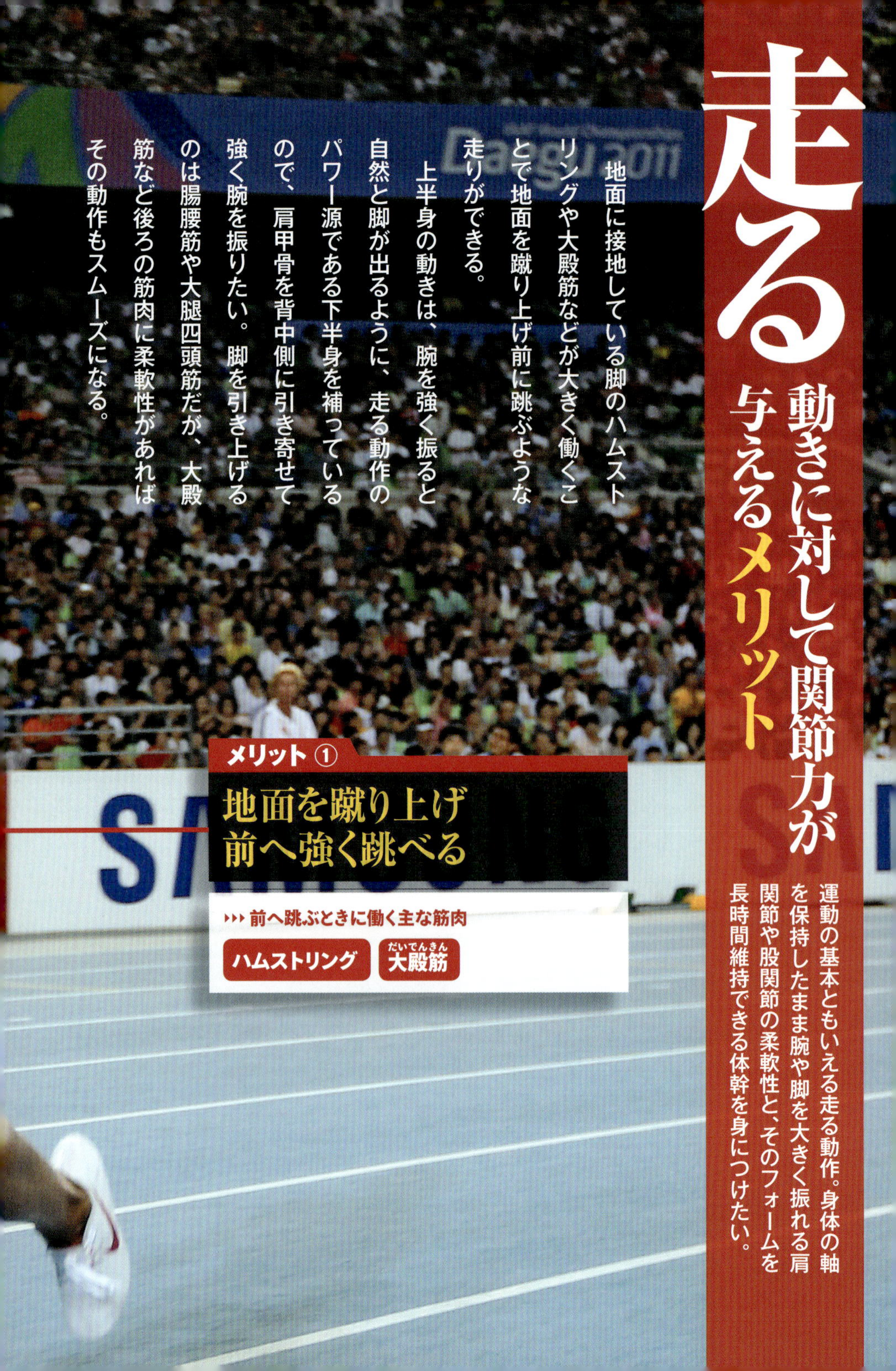

走る
動きに対して関節力が与えるメリット

運動の基本ともいえる走る動作。身体の軸を保持したまま腕や脚を大きく振れる肩関節や股関節の柔軟性と、そのフォームを長時間維持できる体幹を身につけたい。

メリット①
地面を蹴り上げ前へ強く跳べる

››› 前へ跳ぶときに働く主な筋肉

ハムストリング　**大殿筋《だいでんきん》**

地面に接地している脚のハムストリングや大殿筋などが大きく働くことで地面を蹴り上げ前に跳ぶような走りができる。

上半身の動きは、腕を強く振ると自然と脚が出るように、走る動作のパワー源である下半身を補っているので、肩甲骨を背中側に引き寄せて強く腕を振りたい。脚を引き上げるのは腸腰筋や大腿四頭筋だが、大殿筋など後ろの筋肉に柔軟性があればその動作もスムーズになる。

メリット ②

脚をスムーズに引き上げ加速できる

▸▸▸ 脚を引き上げるときに働く主な筋肉

大腿四頭筋《だいたいしとうきん》 腸腰筋《ちょうようきん》

メリット ③

身体の軸を保ちながら腕を大きく振れる

▸▸▸ 腕を大きく振るときに働く主な筋肉

上腕三頭筋《じょうわんさんとうきん》 広背筋《こうはいきん》

DVD 5-7
走る
トレーニング①
全身

マウンテンクライマー

体幹強化と脚の引き上げで連動性を高める

1 両腕を広げ手の平を床につけ片ヒザは胸につける

後ろの脚は背中の延長線上にまっすぐ伸ばす

トレーニングの目安
20秒

ココに効く！

走行時の体幹保持と脚上げが強化される

山を登るように前傾姿勢になりながらすばやく脚を入れ替え、**体幹と脚の連動性を高める**。脚は骨盤と太ももの骨をつなぐ腸腰筋が引き上げる。**走行時のブレない体幹**はすべての陸上選手にとって必ず身につけなければいけない要素のひとつだ。

腹横筋
（ふくおうきん）
腸腰筋
（ちょうようきん）
骨盤を安定させる腹横筋や脚を引き上げる腸腰筋は大切なインナーマッスル

2 頭の位置は動かさずに すばやく脚を入れ替える

リズミカルにすばやく脚を入れ替えてまっすぐ伸ばす

意識はココに

できるだけ頭と腰の高さは変えずに脚を前に持ってくる。

背中がまっすぐ

背中をまっすぐ保つことでお腹周りに効き同時に股関節もストレッチされる

猫背になっている

お尻が上がり猫背になるとお腹への効果が薄れ股関節のストレッチも期待できない

レッグナンバー

脚との連動性を高めながら体幹を鍛える

1 お尻の下に手を入れて仰向けになる

お腹を引っ込めて腹部に力を入れておく

身体の軸を意識して
まっすぐになる

トレーニングの目安

1~20
まで書く

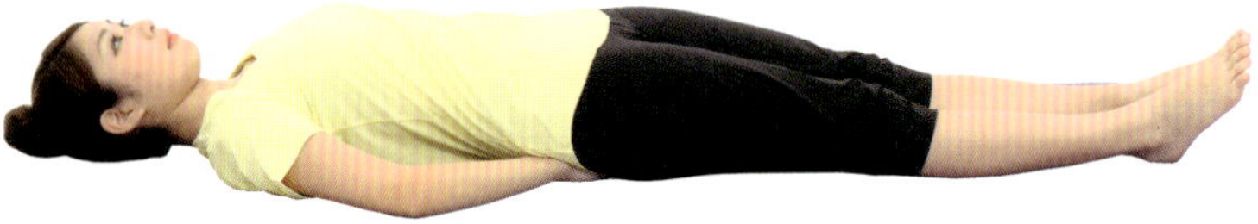

ココに効く！

走行時のフォームを維持する体幹を強化

床から浮かせた足先で空中に数字を書く。骨盤を安定させる腹横筋に力を入れて腹圧を高めた状態でおこなう。脚を動かすのは骨盤をまたぐようにつく腸腰筋。**体幹の安定と脚との連動性が高まる**ので、走る動作のパフォーマンス向上が大きく期待できる。

腹横筋
（ふくおうきん）
腸腰筋
（ちょうようきん）
腹横筋や腸腰筋は骨盤を安定させ姿勢を維持するために欠かせないインナーマッスル

2 脚を少しだけ上げて「1」～「20」まで空中に書く

脚はなるべく低い位置をキープしながら書く

! 意識はココに

上半身は動かさず
脚だけを低い軌道で
動かすこと。

頭は床についている

頭を床につけて低い軌道を保つとお腹の深層部にある腹横筋に効くので、体幹が安定する

頭が上がっている

頭が上がるとお腹の表層にある腹直筋ばかりを使ってしまい、体幹が安定しない

肩関節と肩甲骨の動き

肩関節や肩甲骨への理解をさらに深めるために、関節が動く方向とその可動域に影響を与えている主な筋肉を解説する。

肩関節

肩関節の動きは複雑なため、解剖学上分類された6つ（内転と外転に似た水平内転と水平外転は省略）を紹介。実際のスポーツではこれらが組み合わさって動くので、自分に必要な可動域はどの方向の組み合わせなのかをイメージしながら見ていこう。

屈曲《くっきょく》

腕を前から上げる

腕を前方から上げるような動作。主に三角筋の前面や大胸筋が働く。

伸展《しんてん》

腕を後ろに引く

腕を後方に引くような動作。主に三角筋後面や広背筋が働いている。

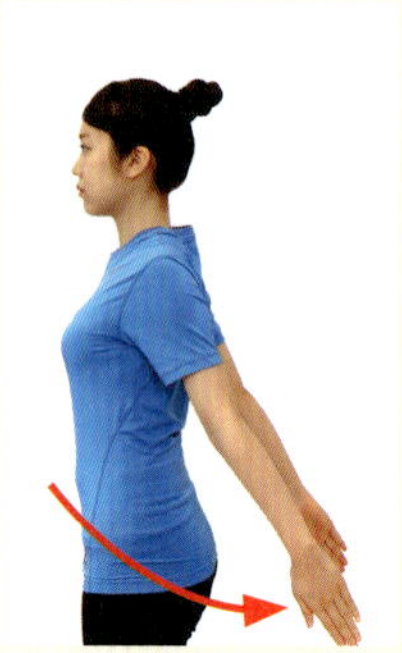

内転《ないてん》

腕を下げる

水平に上げた腕を下げるような動作。主に広背筋や大胸筋が働く。

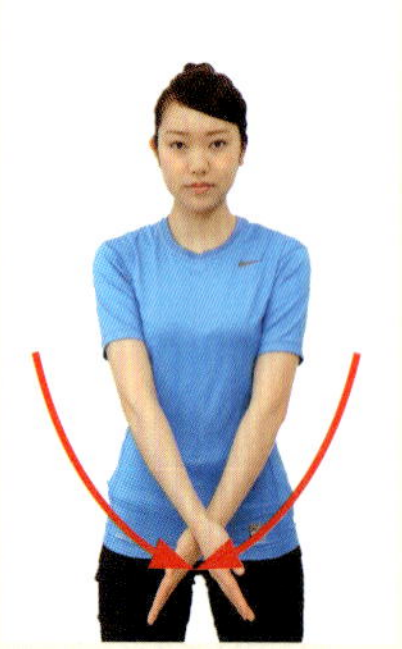

外転《がいてん》

腕を横に上げる

腕を横から上げるような動作。主に三角筋側面や棘上筋が働く。

内旋《ないせん》

腕を内側に回す

腕を前に回すような動作。主に肩甲下筋や三角筋前部、大胸筋が働く。

外旋《がいせん》

腕を外側に回す

腕を後ろに回すような動作。主にローテーターカフが働いている。

肩甲骨

広義では肩甲骨も肩関節に含まれるが、ここでは肩甲骨に絞って解説する。肩甲骨は動きが複雑なので解剖学上6つに分類される。現代人は「外転」傾向にあるので、逆の動きになる「内転」を強化するなど、動作をセットで考え、自分の弱点克服に努めよう。

挙上《きょじょう》

肩を上げる

首をすくめるような動作。主に僧帽筋の上部や肩甲挙筋が働いている。

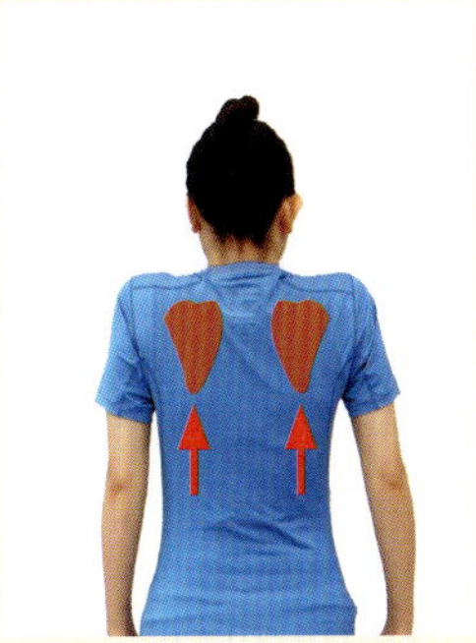

下制《かせん》

肩を下げる

肩甲骨を下げる動作。主に僧帽筋中部から下部が働いている。

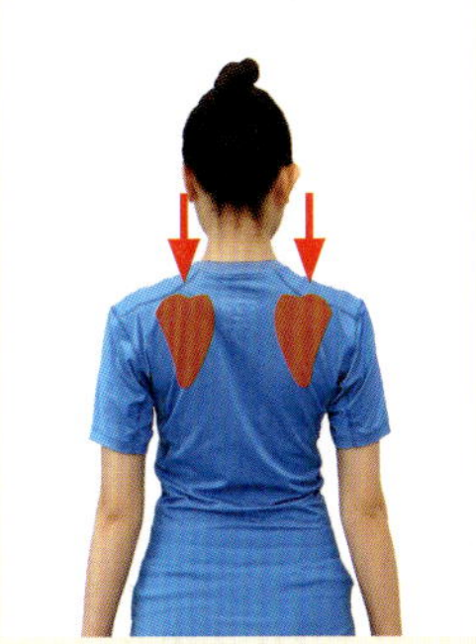

内転《ないてん》

胸を開く

肩甲骨を背中側に寄せる動作。主に菱形筋や僧帽筋中部が働いている。

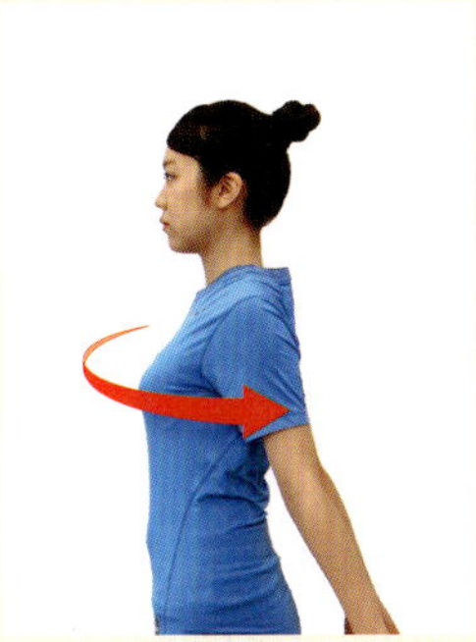

外転《がいてん》

背中を開く

肩甲骨を広げるような動作。主に前鋸筋や大胸筋が働いている。

上方回旋《じょうほうかいせん》

腕を回し上げる

肩甲骨を広げながら上げる動作。主に僧帽筋中部や前鋸筋が働く。

下方回旋《かほうかいせん》

腕を回し下げる

肩甲骨を閉じながら下げる動作。主に菱形筋が働いている。

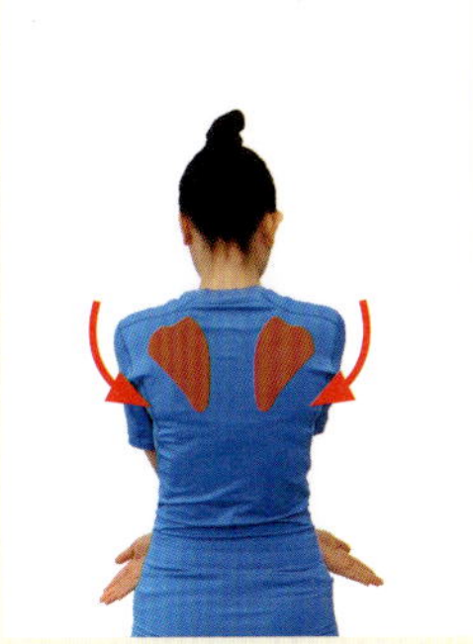

股関節と骨盤の動き

股関節と骨盤がどのように動くのかを解説する。股関節の柔軟性や骨盤の安定性はあらゆるスポーツで生かされるので、実際のスポーツをイメージしながら見ていこう。

股関節

股関節は日常生活から運動時までほぼすべての動作で働く。そのため負担もかかりやすく、筋肉が硬くなったりすると障害が起こりやすい。ここでは股関節の6方向の動きを確認して、動かしづらい方向はないか把握しておこう。

屈曲《くっきょく》

脚を上げる

股関節を曲げて脚を上げる動作。主に腸腰筋が働いている。

伸展《しんてん》

脚を後ろに伸ばす

股関節を伸ばす動作。主に大殿筋やハムストリングが働いている。

内転《ないてん》

脚を内に閉じる

股関節を内側に入れる動作。主に股関節内転筋群が働いている。

外転《がいてん》

脚を外に開く

股関節を外側に開く動作。主に中殿筋や大腿四頭筋が働いている。

内旋《ないせん》

脚を内に回す

股関節を回しながら内に入れる動作。主に中殿筋や小殿筋が働く。

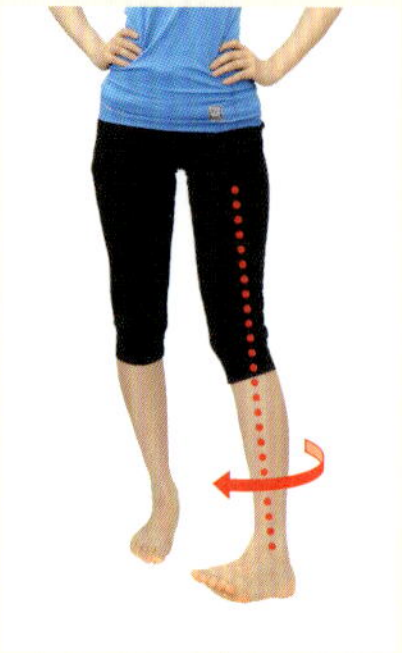

外旋《がいせん》

脚を外に回す

股関節を回しながら開く動作。主に臀部の深層部にある外旋六筋が働く。

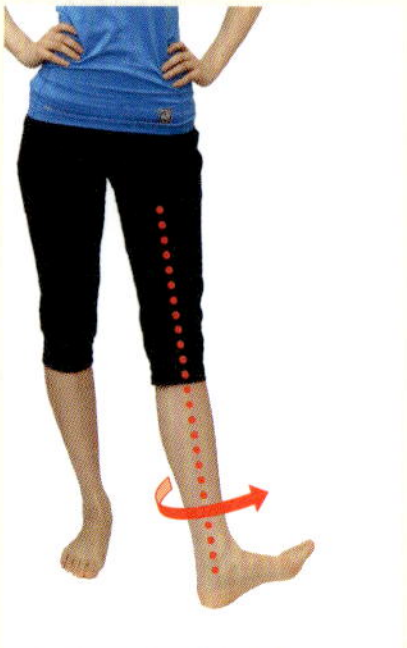

骨盤

6つに分類された骨盤の動きを解説する。骨盤の安定性は前後左右の体幹の筋肉によって保たれているため、そのバランスが取れていないと、直立していても骨盤が傾斜してしまう。自分の現状の骨盤と照らし合わせながら見ていこう。

前傾《ぜんけい》

前に傾ける

お尻を後ろに突き出すような動作で骨盤が前に前傾する。

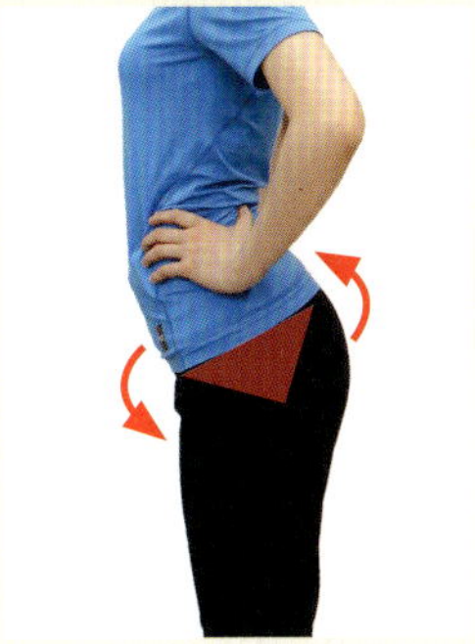

後傾《こうけい》

後ろに傾ける

おヘソを奥に引っ込めるような動作で骨盤が後傾する。

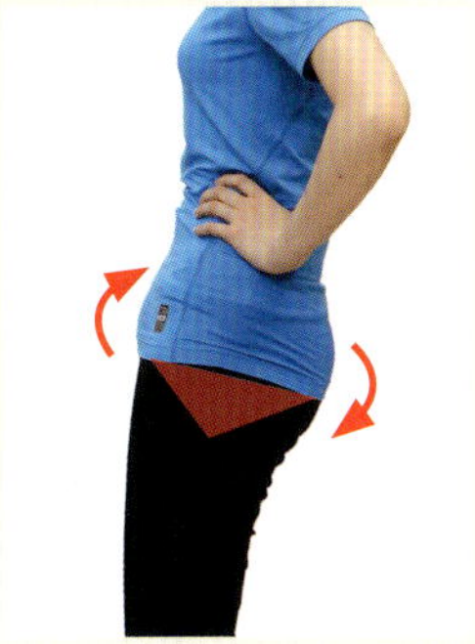

左傾斜《ひだりけいしゃ》

骨盤の左を下げる

右側の腹斜筋を縮めるような動作で左の骨盤が下がる。

右傾斜《みぎけいしゃ》

骨盤の右を下げる

左側の腹斜筋を縮めるような動作で右の骨盤が下がる。

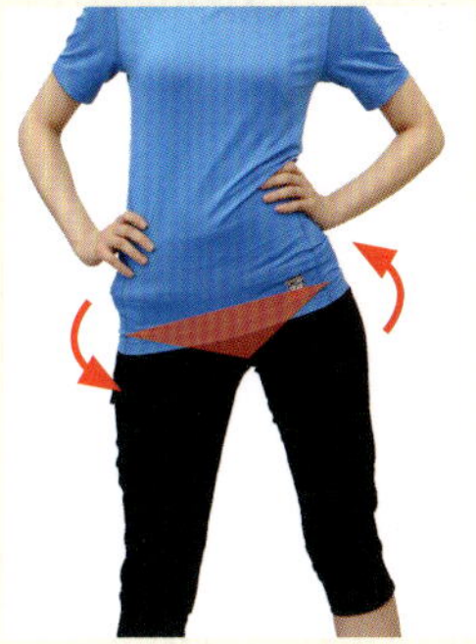

左回旋《ひだりかいせん》

反時計回りにひねる

体幹を左にひねるような動作で右の骨盤が回るように前へ出る。

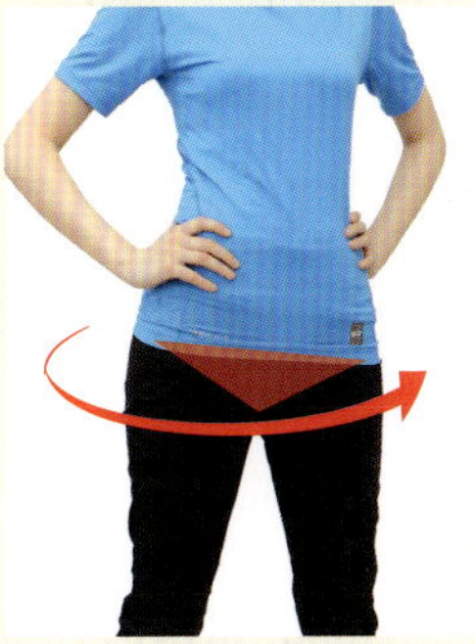

右回旋《みぎかいせん》

時計回りにひねる

体幹を右にひねるような動作で左の骨盤が回るように前へ出る。

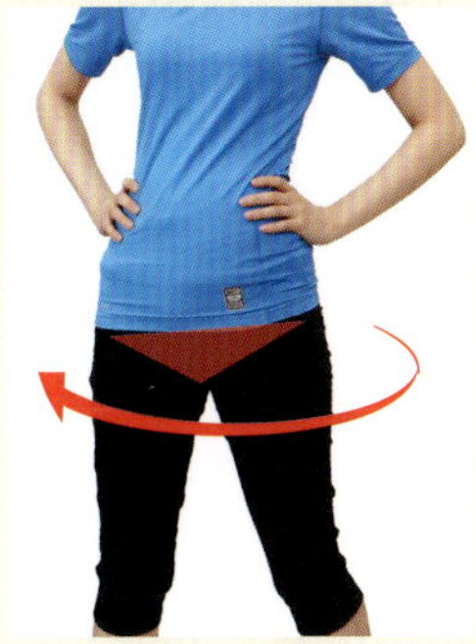

●監修者紹介　中里 賢一

[なかざと けんいち]

1972年生まれ。日本アスリートサポート協会代表理事。東京・目白にてボディメンテナンスサロンMARKSを開院。日本オリンピック委員会強化スタッフ（2007～2010）やMIZUNOスイムチーム専属トレーナー（2008～現在）をはじめ、前田健太投手や吉見一起投手といったプロ野球選手の自主トレーニング期間の専属契約も結ぶなど、さまざまな競技で活躍している。また、障がい者スポーツトレーナーの資格取得後、ろう者・身体障がい・知的障がいなど、障がいの種類の枠を超えてハンディキャップアスリートのサポートも精力的におこなっている。

ボディメンテナンスサロンMARKS
東京都豊島区高田2-17-20　サンシン目白ビル3階
http://www.mejiro-marks.com

●モデル――髙瀬順弘（鶴見功樹ゴルフアカデミー所属プロ）　土倉亜純　平野花菜
●写真撮影――清野泰弘
●スタイリング――市村敏夫（OnGG）
●写真提供――The Asahi Shimbun/Getty Images　iStock/Getty Images　Getty Images
●DVD制作――株式会社ZON
●デザイン――三國創市（株式会社多聞堂）
●編集・執筆協力――上野茂（株式会社多聞堂）

パフォーマンスを上《あ》げる！
DVD 可動域《かどういき》ストレッチ&トレーニング

2016年5月10日発行　第1版
2016年8月25日発行　第1版　第3刷
●監修者――中里 賢一 [なかざと けんいち]
●発行者――若松 和紀
●発行所――株式会社西東社《せいとうしゃ》
〒113-0034 東京都文京区湯島2-3-13
営業部：TEL（03）5800-3120　FAX（03）5800-3128
編集部：TEL（03）5800-3121　FAX（03）5800-3125
URL：http://www.seitosha.co.jp/
本書の内容の一部あるいは全部を無断でコピー、データファイル化することは、法律で認められた場合をのぞき、著作者及び出版社の権利を侵害することになります。
第三者による電子データ化、電子書籍化はいかなる場合も認められておりません。
落丁・乱丁本は、小社「営業部」宛にご送付ください。送料小社負担にて、お取替えいたします。
ISBN978-4-7916-2454-6